中国外语教育

Foreign Language Education in China

第10卷　第3期　2017年8月　　　　　　　　目　录

Foreign Language Education in China

Vol. 10, No. 3, August 2017

Contents

高等教育国际化视角下大学英语课程改革探索[1]

战 菊　朴 玉

吉林大学

© 2017　中国外语教育（3），3–8 页

提　要：基于当前对于国际化人才的多重需求，本文从高等教育国际化新趋势的大背景出发，结合对《大学英语教学指南》（送审稿）的解读以及笔者所在学校的总体国际化办学理念的阐释，尝试探索和探讨大学英语课程的国际化，分别从理念更新、方法创新和实践革新等方面采取措施，致力于提高大学英语课程的教学质量，为培养学生的多重复合型能力，即英语综合应用能力、国际化视野下的跨文化交际能力、基于创新实践的学术能力，进行有益探索，以期为国内其他院校提供借鉴。

关键词：高等教育国际化；大学英语；课程

1. 引言

近年来，高等教育国际化的不断深入促使世界各国纷纷致力于提升自身的国际化水平，加快国际化进程。2012 年，"迈向全球 2012"高等教育会议对高等教育国际化的内涵、价值取向等议题进行了重新评价和审视，由此带动国内教育界将关注焦点从"跨国教育"转向高等教育国际化的核心本质问题（朴玉、邹丽丹 2013）。同时，国家层面的相关政策体现在具有指导作用的纲领性文件中。《大学英语课程指南》就充分顺应高等教育国际化的新趋势，强调了培养学生兼具国际化视野和人文素养的重要性，致力于培养学生综合应用英语的能力、国际化视野下的跨文化交际能力和创新实践能力。因此，大学外语教育更新观念、有针对性地调整教学内容和教学手段迫在眉睫。本文从高等教育国际化的大背景出发，结合对《大学英语教学指南》的解读，立足于笔者所在学校的总体国际化办学理念，尝试通过实现课程设置、教学模式和师资队伍的国际化多重途径，从理念更新、方法创新和实践革新等方面呈现我们在培养国际化人才方面所进行的探索，以期为其他院校提供借鉴。

2. 理念更新

随着国际化进程的深入，国家对于国际化人才的需求不断增大。我国的外语教育正由"本土型"转向"国际型"（李宇明 2010），转型过程中，如何调整思想实现观念的转变至关重要。以下从高等教育国际化、国内国际化、《大学英语教学指南》以及本校的办学理念等方面探索大学外语教学改革的新路径。

1）对高等教育国际化新趋势的明晰把握。高等教育国际化的研究可追溯至 20 世纪 60 年代。1969 年，美国学者布茨（R. Freeman Butts）将高等教育国际化界定为"具有国际化的课程内容；培训的国际性流动、跨国研究、研究者和学生的跨国流动；建立保证跨越国界的教育扶持和合作的国际体系"（Butts 1969：1-2）。研究的最初阶段主要倾向于"身体力行"式的跨国合作行为，随后亦有学者从制度层面将高等教育国际化

1 本文为教育部第三批大学英语教学改革示范点项目（2011）和2016年吉林省高等教育省级教学研究（重点）课题"《当代美国文学批评》课程建设与教学改革"的阶段性成果。本文引用的《大学英语教学指南》为送审稿，内容以正式颁布本为准。

扩展为"在国际研究、国际教育交流和技术合作所进行的多重活动、项目和服务"（Arum 1998：12），但以上理解依然因循跨国界层面。加拿大学者Knight（2004，2007）对于高等教育国际化的阐释颇具启示意义。她强调高等教育国际化不仅是目的，更是一个贯穿于教学、科研和服务职能中的过程。Knight不否认跨国流动和国际合作的重要作用，但更关注国内的教学实践，并强调了不发达国家对于发达国家的依附，不发达国家应立足于本国实际，提升办学水平，致力于将国家自信、文化自信和教育自信融入国际化进程中。

2）对国内国际化的清醒认识。国内国际化，是相对于跨国国际化而言，是尼尔森（Bengt Nilsson）在1999年提出的新理念，即"学生不用因为与学习相关的目的离开所居国家，也可以在国内接受国际化教育，并在这种教育过程中扩展全球化视野，提高国际交流能力及对多元文化的理解力"（Wachter 2003：5）。相较于跨国国际化，国内国际化更易于操作，这也是国内国际化得以实现和理应大力提倡的重要前提所在。"国内国际化"为大学英语课程的国际化提供了新思路。一方面，能够亲身参与跨国交流的学生毕竟是少数，国内国际化可以将更多学生纳入体系；另一方面，国内国际化对大学英语教学提出更高要求，即所有教学环节要兼具国际化视野和与时俱进的特征。

3）对新时期大学英语教学的前瞻意识。目前国家亟需具有国际视野和国际竞争力的人才，提高人才的核心竞争力是新时期国家发展对外语教育提出的新要求。《大学英语教学指南》适时而动，明确指出："大学英语课程对大学生的未来发展具有现实意义和长远影响，学习英语有助于学生树立世界眼光，培养国际意识，提高人文素养，同时为知识创新、潜能发挥和全面发展提供一个基本工具，为迎接全球化时代的挑战和机遇做好准备"（教育部高等教育司 2016：1）。对比《大学英语教学指南》和此前的《大学英语教学要求》，《大学英语教学指南》顺应当今国际化趋势，侧重对学生"世界眼光"和"国际意识"的培养，要求大学英语教学必须突破传统教学模式，探索新时期外语教学的

新增长点（周学恒、战菊 2016）。

4）对所在学校奋斗目标的使命感。任何教学改革方案的制订都必须结合所在高校的实际情况，尤其要依据学校的发展目标。笔者所在学校制订的目标是：到2020年，建成国内一流、国际知名的高水平研究型大学。到建校100周年时，把吉林大学基本建成世界一流大学。学校定位注重其"研究型"的内涵建设，并旨在提升国际影响力。由此，学校总体规划对外语教育提出了新要求，即建构高水平研究型外语教育模式，助力学校建成世界一流大学。

基于对"国际化"和"本土化"相互关系的充分认识，我们认为，大学英语教学应致力于提高学生的英语综合应用能力、国际化视野下的跨文化交际能力以及基于创新实践的学术能力。为此，我们更新观念，倡导"国内国际化"，从课程设置国际化、教学模式国际化以及师资队伍国际化等方面进行了实践探索。

3. 课程设置国际化

大学英语教育在高等教育国际化中举足轻重，我们必须"持有科学的态度，加强科学研究、科学规划"（杨连瑞、陈士法 2015）。然而，现有课程内容老化、严重脱离社会实际需求（束定芳 2011），大学英语课程设置应该怎样创新？我们认为，国际化课程体系应该具备"全面性、选择性、时代性、兼容性、内化性"（苗宁礼 2014），具体而言：学生拥有多维选择空间，不再是"千人一教材，全校一进度"；利用现代信息技术手段，体现课程内容和教学模式的时效性；兼顾对外国文化的理解和对本国文化的自信；借鉴吸收国外先进经验，将其内化为具有校本特色的课程体系。

此外，大学英语教育不能局限于英语教学自身的国际化，还应体现在如何服务于其他学科和专业的国际化。结合学校总体办学思路、外语学习规律以及学生需求，我们开设了不同层次、不同类型的英语课程（表1），包括英语课程必修课、选修课等；选修课被纳入学校的"通识

课"。课程模块包括"基础英语课程"、"文化拓展课程"和"学术英语课程"。根据学生英语水平多层次的特点，课程分为"普通班课程（含1—4级以及5—6级）、"实验班课程"；根据教

学方法的不同，开设"体验英语"、"项目式教学（Project-based learning，PBL）"等课程；根据教学模式的不同，既有传统课堂教学，也有慕课、微课以及"跨洋互动在线"课程等。

表1 大学英语课程一览表

课程设置	大学英语必修课（包括"必修限选课"）
	大学英语选修课（被纳入"学校通识课"）
课程模块	基础英语课程
	文化拓展课程
	学术英语课程
课程难度	普通班课程（1–4级）
	普通班课程（5–6级）
	实验班课程
教学方法	体验式教学（体验英语）
	项目式教学（PBL）
教学模式	课堂教学
	慕课、微课
	"跨洋互动在线"课程

1）根据学校制定的人才培养方案，设置基础阶段的必修课程和提高阶段的选修课程。新生入学后参加校内英语分级测试。根据成绩，将分入普通班（一级）或提高班（二级）学习，期末考试成绩合格者顺次升入下一级别学习，未通过者，需重修该级别课程，重修成绩合格后才可获得学分。学生在完成必修课程后继续选修课程的学习。选修课侧重提高学生的写、译能力。无论是必修课还是选修课，都注重提高学生的英语综合运用能力，为其进入拓展型学习和学术型学习打下基础。

2）根据学生海外研修的需求，开设文化拓展课程。在教学过程中，我们发现，学生往往从本国文化立场看待异国文化、并对异国文化大多抱有刻板印象。如何培养学生建构一种基于同理心的跨文化合作心态？我们认为，大学英语教学理应有所担当。我们为全校本科生开设各类以文化拓展为目的的选修课程，包括英美国历史与文化、中西文化比较等。学生不但可以了解英

语国家的语言和文化，还能在教师指导下通过阅读"西方眼中的中国及其文化"等内容，从另一个角度充分认识中国文化。同时，学院建立了若干教学团队，主讲教师组织团队成员进行教学研讨，并树立课程建设意识，一同探索慕课、微课等创新课程模式。

3）根据学生创新实践学术能力的需求，开设PBL课程。相关研究表明，PBL教学模式有助于学习者语言能力的提高和思维能力的提升（张文忠 2015）。PBL教学团队引导学生从教材内容中提取关键词，进行项目式研究。譬如在处理"Globalization（全球化）"这一章节时，任课教师结合所教授班级学生的专业和兴趣爱好，形成"全球化与法律"、"全球化与政治"、"全球化与经济"等项目组。项目组实行负责人制，依照项目执行方式进行分工，学生分别从文献查阅、文献综述撰写入手，结合所学专业知识搭建认知框架，就"全球化背景下的……"展开研究。教师注重引导学生将课堂学习和课下学习结合起

来；课堂教学主要以检验学习成果、分享研究心得等方式进行；学生课后撰写关于全球化现状和发展趋势的报告。

4）构建"校园外语生活"。在常规的授课教学活动以外，为师生营造体验英语、学习英语和使用英语的语境。针对不同层次学生的需求，以丰富的资源为载体，开展一系列开放性、多样化的活动。这些活动分为三大模块：论坛及讲座、学生社团活动和社会实践，具体包括英语夏令营、外语实践教学周、"吉林大学英语交流沙龙"等，教师参与指导国际交流与合作联合会、模拟联合国协会、空中英语协会等社团精品活动。多彩的课外实践活动是课堂教学的有效延伸，学生的语言运用能力在课外实践活动中得以提高。

4. 教学模式国际化

在高等教育国际化进程中，国内高校学习发达国家经验，却往往忽视了将其内化为适合自身的教育模式。在当今全球化时代，不同文化共荣的教育理念促使我们放眼国外，立足本校，进行双向交流。除了派遣学生前往国外学习，我们还加大力度邀请外国专家来校讲学，使更多学生受益。此外，利用互联网等先进技术手段，采用新型教学模式，形成对传统教学模式的有效补充。为此，我们探索多种国际化的教学模式，例如，中外合作课堂教学模式，"写作教学十年不断线"模式，"跨洋互动"网络在线教学等，以满足不同学科、不同层次学生的需求。

1）在实验班英语教学中使用中外合作课堂教学模式。我校依据"基础学科拔尖学生培养试验计划"、"卓越工程师教育培养计划"、"卓越农林培养计划"，先后设立了本硕衔接、培养类型多样化的拔尖创新人才培养实验班，大学英语教学主动参与实验班的国际化建设。在课程设置方面，第一学年每周听说和读写各4学时；第二学年每周听说和读写各2学时，还有"英语夏令营"活动；第三学年学生选修专门用途英语课程；第四学年通过出国前英语能力测试的学生赴国外研修。实验班学生大多可以获得海外研修机会，为此大学英语教学致力于为学生提前营造国际化学术氛围。

实验班的授课教师为中外优秀教师团队。课程设置之初，我们曾针对学生需求进行了问卷调查。大多数学生偏好外教进行语言输入性教学，中国教师从事输出型教学。为此，我们对中外教师进行"分工"：外籍教师开设听说课程，中国教师开设读写课程。为了强化综合运用英语能力，我们选取重要教学内容在听说和读写课程中同步使用，这也有利于教学团队对教学中的共性问题展开研讨。例如，在探讨"虎妈"教育模式时，学生在外籍教师的引导下，以小组讨论、PPT展示和辩论的方式开展课堂活动，此话题延续到中国教师的教学中。学生将听说课堂上的观点、思考等记录下来，并在中国教师指导下查阅资料，形成观点，最终完成有思想深度的作文，学生由此历经了关于"虎妈"的听说读写的全部过程，有利于强化其英语综合能力；中外教师由于受到不同文化传统的影响，对同一问题的看法各不相同，这有利于学生在课堂教学中充分参与沟通，在教学情境中把握不同文化的差异，并培养其批判性思维能力。

此外，依据学校"研究型大学"的定位，不断深化英语教学的学术化程度，例如以模拟学术研讨会、工作坊等多种形式组织课堂教学；针对学生的专业特点，强化学生的学术论文写作能力，从论文摘要书写、科技论文体例等不同方面进行分类讲解和指导。

2）设计"写作教学十年不断线"的教学模式，服务于其他学科专业的国际化。问卷调查显示，不同层次、不同专业的学生认为提高英语写作能力非常迫切，写作能力最有可能在教师的指导下提高。为此，英语写作教学团队（现有20余名教师从事写作教学）在本科（4年）、硕士（3年）、博士（3年）三个阶段开设英语写作课程，而且每学期面对全校学生开设不同类型、不同层次的写作课程。本科生的"过程写作"侧重于写作基本知识介绍、"多稿"写作训练；"研究生英语写作"侧重于学术论文摘要、会议报告撰写；"博士英语写作"侧重于论文发表流程。师生互动更多利用网络进行，任课教师建设写作教学平台，适时发布信息，学生可自行联系教师，就文章结构、修改评语等和教师交换意见，实现实时互动。

实践证明，英语写作教学有助于学生在各自学科领域的国际学术期刊发表研究成果。2016 年，有两位学生分别在 The Astrophysical Journal、Nature 旗下的 Scientific Report 期刊上发表论文，这与他们在英语写作课堂所受到的学术滋养不无关系。

3）开展"跨洋互动"网络在线教学模式。我们与美国罗格斯大学写作课程项目组合作开展在线英语写作教学。中外教师共同授课，学生（中外各 10 人）每周至少参与 3 次课堂互动讨论，有时话题由教师给出，有时学生按其兴趣自选。在交流内容、交流进度等方面赋予学生一定的自主权。比如，针对"食物伦理"这一话题，有的美国学生结合食物禁忌对于饮食与身份建构之间的关系进行阐释，他们还就自己在中餐馆的用餐经历请教中国学生关于中国传统饮食与现代饮食之间的差异；中国学生则从肯德基在中国的发展言说全球化和本土化之间的关系。教师会在课堂教学中以小讲座、共同阅读经典文献、小组讨论等形式对有争议话题组织拓展研讨。学生在理清思路的基础上，完成题为"食物的伦理"写作任务。这种教学模式突破了以往远程教学传统的单向信息传递，充分借助快捷便利的互联网技术，实现了跨洋互动式交流。

跨洋互动教学模式成为传统课堂教学的有益补充，并具有重要意义。首先，它丰富了英语教学模式，扩大了传统课堂教学模式的范围，为不同文化背景下的学习者提供了开放的学习系统；丰富了教学内容，充分调动了学生自主学习的积极性。其次，该教学模式在培养学生对于不同文化的理解过程中，引导他们重新审视自身文化，有助于培养他们对自身文化的高度认同感。

5. 师资队伍国际化

师资队伍的国际化，是我校人才队伍综合培养体系的有机组成部分。师资队伍的国际化和职业化相辅相成。唯有通晓国际化惯例，具备开阔的国际化视野，教师才能以开阔的胸襟学习国内外优秀学者的治学之道，从而提高自身的职业化素养；对为师之道有充分认识的教师，才能以积极开放的心态参与到对外交流中。职业化素养越强、教学科研意识越强的教师，参与国际化交流的意识和动机也越强，反之亦然。为此，我们始终兼顾师资队伍的国际化建设和职业化建设，倡导教师在立足本国、本校的教学实践中，把跨国界和跨文化的教育理念与具体的教学工作结合起来，通过不同层面的国际交流，提高教师的全球化意识和国际化理念。

学院从加大外籍教师的比例入手，邀请更多外籍教师来校讲学，并以加强外国语言学及应用语言学硕士点建设为契机，相继邀请语言学理论、社会语言学等领域的外籍专家为硕士点授课，形成外籍教师主讲、本院教师辅助教学的合作模式，提升教师的科研水平和学术交流能力。

海外研修对于语言专业教师的职业发展具有重要的推动作用。海外研修经历能够使教师开阔国际视野，提高语言能力、跨文化能力和教学能力（张凤娟、战菊 2016）。为此，我们充分利用各类出国项目，鼓励教师前往国外一流大学研修。近年来，访学教师分别依托所主持的科研项目，前往哈佛大学、哥伦比亚大学和耶鲁大学等高校进行语言、文学等领域的研究，这种兼具国际化和专业化的学习经历，对指导学生开展创新型学习起到了引领作用。

此外，结合教学实际需求，学校还有针对性地组织海外暑期培训班。2014 年以来，先后组织了 60 余名教师参加在美国罗格斯大学、英国女王大学举办的英语教师暑期培训。我们与合作院校共同设计培训的课程内容、教学方式等，培训内容包括教学方法、写作教学、网络教学、课堂教育心理、教师发展、教育理念等。这种"充电式"培训有助于帮助教师消除"职业倦怠"、获取新知，并将其带入校内英语教学中，促进国内国际化的发展。

6. 结语

　　基于对高等教育国际化新趋势的解读，以及国家对于外语教育国际化的要求，我们结合本校的定位和发展目标，重新审视和定位大学英语课程，秉承教学应体现"以人为本"这一指导思想，即以所在学校学生的全面发展为根本，不仅提高学生的人文素养，而且兼顾其未来职业发展等方面的诉求。我们做了若干尝试，并愿意与外语界同行分享交流，不断深化大学英语教学的国际化程度，助力高素质国际化人才的培养。

参考文献

Arum, S. 1998. The case for diffusion in the development of international education [J]. *Journal of the Association of International Education Administrators*. Spring: 12-16.

Butts, R. F. 1969. *America's Role in International Education: A Perspective on Thirty Years* [M]. Chicago: National Society for the Study of Education.

Knight, J. 2004. Internationalization bemodeled: Definition, approaches, and rationales [J]. *Journal of Studies in International Education* (1): 5-31.

Knight, J. 2007. Internationalization: Concepts, complexities and challenges [A]. In F. Forest & P. G. Altbach (eds.). *International Handbook of Higher Education* [C]. Dordrecht: Springer. 207-227.

Wachter, B. 2003. An introduction: Internationalization at home in context [J]. *Journal of Studies in International Education* (1): 5-11.

教育部高等教育司，2016，大学英语教学指南[Z]。北京：高等教育出版社。

李宇明，2010，中国外语规划的若干思考 [J]，《外国语》(1)：2-8。

苗宁礼，2014，课程国际化有哪些基本特征 [N]，《中国教育报》，2014-2-28。

朴玉、邹丽丹，2013，高等教育国际化新进展及其对外语教育的启示 [J]，《外语教学理论与实践》(2)：66-71。

束定芳，2011，高等教育国际化与大学英语教学的目标和定位——德国高校英语授课学位课程及其启示 [J]，《外语教学与研究》(1)：137-144。

杨连瑞、陈士法，2015，从学科建设的角度看国际化创新型外语专业人才的培养 [J]，《中国外语教育》(1)：9-15。

张凤娟、战菊，2016，海外研修情境中的大学英语教师学习 [J]，《中国外语教育》(2)：51-60。

张文忠，2015，iPBL——本土化的依托项目英语教学模式 [J]，《中国外语》(3)：15-23。

周学恒、战菊，2016，从《要求》到《指南》：解读《大学英语教学指南》中的课程设置 [J]，《中国外语》(3)：13-18。

作者简介

　　战菊（1961—），吉林大学公共外语教育学院教授，博士生导师。主要研究领域：二语写作、外语教师发展、社会语言学。电子邮箱：jzhan@jlu.edu.cn。

　　朴玉（1972—），吉林大学公共外语教育学院教授。主要研究领域：英语教育、英语国家文学。电子邮箱：piaoyu@jlu.edu.cn

2017年8月
第10卷 第3期

中国外语教育（季刊）
Foreign Language Education in China (Quarterly)

Vol. 10 No. 3

多元化多层次大学外语课程体系设置与实践
——以复旦大学为例

季佩英 范 烨

复旦大学

© 2017 中国外语教育 （3），9—16 页

外语教学

提 要：根据新修订的复旦大学本科生大学外语能力培养方案，复旦大学于 2011 年 9 月开始实施新的大学外语课程体系。本文详细阐述了该课程体系所依据的理论基础、总体框架、课程模块及内在逻辑关系、课程内容等，并对 2011—2016 年期间所收集的相关数据进行分析和总结。

关键词：大学外语；课程设置；复旦大学

1. 引言

课程的概念在教育学界和外语教学界并无定论。有时课程仅指教授的内容，有时课程又涵盖教学方法、评估方法及教育的基本理论和哲学。在本文中，课程指一个教育机构为了实现其教育目标、满足社会及个人需求而选择的教育内容、进程及方法的总和（Nation & Macalister 2010）。复旦大学依据《国家中长期教育改革和发展规划纲要（2010—2020）》确定了复旦大学学生培养目标，即人文情怀、科学精神、专业素养和国际视野。为了实现这些培养目标，大学英语教学部做了大量的前期调研工作，开展新一轮课程体系改革，重点是开发建设梯度清晰、种类多样、能满足学生个性化需求的课程，以提升学生的外语综合应用能力、跨文化交际能力和学术英语能力。

本文将介绍大学外语课程体系的理论依据、课程体系的框架、课程模块及内在逻辑关系、课程内容等，并对 2011—2016 年期间所收集的相关数据进行分析和总结。希望通过介绍复旦大学外语课程体系设置与实践，为即将颁布的由高等学校大学外语教学指导委员会研究制定的《大学英语教学指南》的实施提供实证支持。

2. 理论依据

在规划与构建复旦大学外语课程体系之前，我们比较分析了多个语言课程设计模型（Brown 1995；Graves 2005；Nation & Macalister 2010；Nunan 1988；Richards 2001），最终选择了Nation & Macalister（2010）的语言课程设计模型（见图1）。我们发现Nation & Macalister对于课程设计中各个环节的分类更加精炼、合理，各个环节之间的关系明晰，而且还区分了对学生学习结果的评价以及对课程本身的评价。

根据这一模型，课程设计由以下几个关键因素构成：

1）需求分析（needs），即采集、分析学生的需求，包括想学知识（wants）、必学知识（necessities）、欠缺知识（lacks）（参见Hutchinson & Waters 1987 的经典分类法）。想学知识指学生自己认为需要学习的知识，是一种主观上的需求。例如，计划出国留学的学生可能想进一步提升自己用英语进行日常交流、听懂英语授课的能力。必学知识指学生需要学习的内容，即依据学校和国家对于人才培养的要求或者某个岗位对于工作人员的要求，应该要掌握的知识或技能。欠缺知识指学生仍然缺乏的知识或技能。

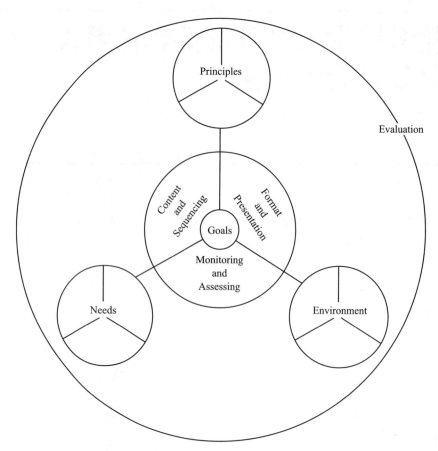

图1　语言课程设计模型（Nation & Macalister 2010：3）

可见，需求是一个错综复杂的概念，我们应该综合考虑其中的各个因素，并将需求分析的结果融入课程的教学目标和内容中，这才能保证学生从课程中受益。总之，在为课程设计做需求分析时应该综合考虑学生发展需求、社会发展需求和学科发展需求（文秋芳 2012）。

2）环境分析（environment）

教学环境的分析包括学生、教师、教学条件三个层面，例如学生的总体语言水平、学习动机、学生间的差异、自主学习的能力；教师的语言水平、教学能力；教学资源、教学设备、课时、班级大小等。我们在开设新课程之前，必须先分析一下是否适合自己的学生，教师们是否在知识结构、语言水平和教学技能方面做好了相应的准备，学校的教学条件是否允许我们开这类课程。

3）目标确立（goals）

如图1所示，目标处于整个模型中至关重要的位置。它建立在需求分析和环境分析的基础

上，引领并影响着其周边的三大要素：内容和顺序（content and sequencing）、模式和呈现（format and presentation）、监督和评估（monitoring and assessing）。例如，一门英语演讲课程的总目标是帮助学生提升公众演讲的能力。这一目标决定了其教学内容可能包括：如何选择话题，分析听众，收集材料，支持观点，组织演讲的开头、主干和结尾，撰写演讲提纲，使用肢体语言、视觉辅助技术，等等。为了落实这些目标，教师需要对以下三个层面做出相应的规划：（1）教学模式和方法。比如是以老师讲解为主，还是以学生之间或者学生与老师之间的互动为主；以演讲示范为主，还是以学生的亲身实践为主；抑或是采用多样化的教学模式。（2）教学材料的选择。教师可以使用已出版的教材，或者对已有教材改编之后使用，也可以根据实际情况自编教材。（3）评估类型和方式的选择。为了更好地监督和评价学习结果，教师需要根据课程不同阶段的要求设计不同性质和目的的测试。例如，过程性评估和终

结性评估，诊断性测试和学业测试，自我评估、教师评估和同伴间评估。

4）遵循原则（principles）

Nation & Macalister（2010）指出，课程建设中的每一步都必须尊重语言的内在特性，以及语言教与学的基本规律，即模型上方的principles，其中包括20条需要在课堂教学、教材编撰和测试编写中遵守的重要原则。这些原则是对外语教学、二语习得、母语习得、教育学等各领域研究精华的高度提炼。例如，其中有一条原则提出，学生应该有机会在不同的上下文中反复提取或者注意到目标学习内容，而且这种重复的间隔应逐渐拉长。这一原则来源于有关记忆和重复的规律研究（如Baddeley 1990；Bahrick & Hall 2005；Pavlik & Anderson 2005）。教师在教学实践中，可以充分利用这一原则来安排生词或者其他教学项目的复现频率和时间。

5）课程评价（evaluation）

课程评价指获取相关信息（如学生的评教反馈、课堂参与度、成绩，教师的反思日记等）以评价某门课程的质量。同样，对于课程的评价也包括过程性和终结性两种。前者的目的是在教的过程中通过各种反馈信息来进一步完善课程，而后者是对课程的总结。当然相关信息对于今后该门课程的再次开设也有许多借鉴意义。

总之，在Nation & Macalister（2010）的课程设计模型中，每个环节都要经历根据实施效果反复修改的持续循环过程（季佩英、范劲松、范烨2016）。课程建设并非一劳永逸之事，教师及管理者需要不断反思、总结经验、调整方案，以适应社会、学校、学生的新变化和新需求。

3. 多元化多层次大学外语课程体系

3.1 课程体系构建

根据Nation & Macalister（2010）的语言课程设计模型，我们从需求分析、环境分析、目标确立、遵循原则和课程评价五个方面着手建设了复旦大学大学外语课程体系：

3.1.1 需求分析

《国家中长期教育改革和发展规划纲要（2010—2020）》提出，高等教育阶段要提高人才培养质量；着力培养信念执著、品德优良、知识丰富、本领过硬的高素质专门人才和拔尖创新人才；适应国家经济社会对外开放的要求，培养大批具有国际视野、通晓国际规则、能够参与国际事务与国际竞争的国际化人才（中华人民共和国教育部2010）。复旦大学是国内知名的985高校，承担着为国家培养高质量人才的重任。毋庸置疑，学生外语能力的培养是实现以上目标不可或缺的重要条件，这是国家对外语教学提出的宏观要求。

为了满足国家对人才培养的需要，复旦大学提出了加强国际化人才培养、拓展学生国际化视野的人才培养目标，推行本科生海外访学制度，为学生提供赴国外交流学习的机会。如何帮助学生适应不同文化环境，完成学习和交流任务，这已成为我们教学工作的一个重要部分。

另外，我们的学生主要是90后。这一代年轻人个性张扬，英语基础好，对外语学习的要求呈多样化和高要求态势。他们的学习目标显示出差异性，对听说读写技能的要求也不同。

基于国家、学校以及学生个体对大学外语课程建设提出的新要求，复旦大学大学英语教学部提出创建新型大学外语课程体系。

3.1.2 环境分析

学生：复旦大学近年来每年招收约3,000名本科学生，学生素质高，学习能力强，高考录取分数线多次位居全国前三。如2010年高考录取的文科29个省中有27个省的录取分数线排名居前三，理科30个省中有25个省的录取分数线排名居前三（复旦大学2011）。

教师：大学英语教学部共有专任英语教师79名，45%的教师具有国内或国外知名高校博士学位，38%的教师具有高级职称。教师的业务水平高，科研能力强，教学经验丰富。

教学条件：复旦大学实行小班化教学，班级人数一般不超过30人，写作和笔译课程人数每班为20—25人。教学设备齐全，教学资源充足。同时，我们还构建了外语环境平台。此平台由

"复旦大学英语水平测试"（FET）和语言学习中心组成。英语水平测试对教学起到反拨作用（范劲松、季佩英 2013）；语言学习中心为学生提供课堂教学之外的全方位的、立体的、师生互动、学生间互动的语言学习平台。外语环境平台有助于课内与课外联动，帮助学生更好地完成课程学习，为学生在本科学习阶段持续学习外语提供了一个重要的有利条件。

3.1.3 目标确立

新修订的复旦大学本科生（非英语专业）外语能力培养目标是："通过大学外语课程的学习，培养学生的外语综合应用能力，特别是说和写的能力，提高综合文化素养，使他们能够应用一门外语进行学业学习、学术交流和学术研究，并且在今后工作和社会交往中能有效地进行交际"（季佩英、范劲松、范烨 2016）。强调培养学生综合应用能力的同时，我们将学术英语能力和多语种外语能力培养写入培养方案，培养学生跨文化交际能力和用英语进行学业学习、学术交流和研究的能力。

学校外语能力培养目标是课程体系设置的总纲，并指导各课程模块确立系列课程目标。我们制定了综合英语系列课程建设指南、口语系列课程建设指南、学术英语系列课程建设指南、笔语系列课程建设指南等。系列课程指南包括课程目标、教学要求、教学内容、教学方法、教材使用和课程评估与测试。

3.1.4 遵循原则

在综合 Nation & Macalister（2010）的 20 条原则以及外语教学、教育学领域的其他重要研究成果的基础上，我们提出每一门外语课程需要遵循以下原则："做中学"的教育学理念；以输入为基础、输出为驱动的产出导向法（文秋芳 2015）；教师为主导，学生为主体，以学习为中心。

3.1.5 课程评价

为了更好地监督、评价学习结果和课程质量，一方面教师根据课程不同阶段的要求开展不同性质和目的的测试或问卷，例如过程性评估和终结性评估，诊断性测试、学业测试和复旦大学英语水平测试。同时采用自我评估、教师评估和

同伴间评估相结合的评估体系；另一方面，实行教学指导委员会、教学团队和课程组三级教学管理和监督，负责评估教学过程和教学效果。对教师的评估涉及多个层面的内容，包括学生的考试成绩、教师的教学态度、教学手段、教学方法、教学内容、教学组织和教学效果等。

基于以上多方面的调研、分析和探讨，我们构建了多元化多层次的大学外语课程体系。

3.2 课程体系框架及特点

如图 2 所示，复旦大学大学外语课程体系由综合英语、通用学术英语、专用学术英语、语言文化和第二外语五大课程模块构成。课程的特点表现为：类型多样、涵盖内容广泛以及多元化、多层次。这充分体现了复旦大学本科生（非英语专业）外语能力培养目标，即着力培养学生的外语综合应用能力、学术英语能力、人文素养以及跨文化交际能力等。

同时，各课程模块由系列课程组成，课程设置充分体现多层次特点，考虑到了不同起点学生的需求。第一，为起点较低的学生提供基础课程，又为基础较好的学生开设拓展课程。第二，帮助学生打下扎实的语言基础，同时加强学生实际应用能力尤其是说写能力的培养。第三，为学生在整个大学期间的英语语言水平稳步提高提供标准化的课程，同时兼顾学生个性化的学习需求。每个模块内的课程实施分级教学，因材施教。

3.3 课程体系内容

大学外语课程体系五大模块的具体内容如下：

英语综合类课程的目的是帮助学生夯实语言基础，帮助他们从高中英语学习平稳过渡到大学英语学习，为进一步拓展做好充分的准备。该课程模块包括：大学英语（预备）、大学英语I、大学英语II、大学英语III和大学英语IV。

学术英语课程分为通用学术英语课程和专用学术英语课程。通用学术英语类课程旨在满足学生个体发展需求、强化听说读写译等方面的专项技能，进一步培养学生的交际能力、思辨能力和通用学术英语能力。该课程模块包括：口语系列

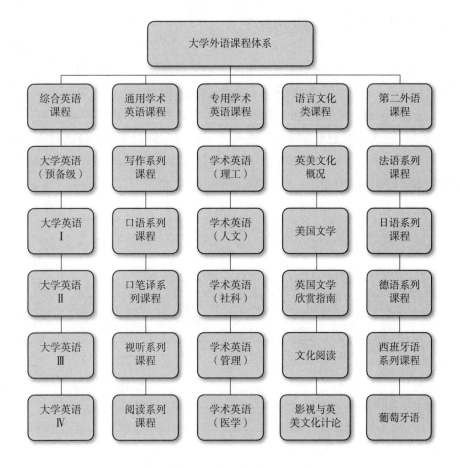

图2　复旦大学大学外语课程体系

课程、写作系列课程、口笔译课程、视听系列课程、阅读系列课程。以写作系列课程为例，该系列课程包括：应用文写作、论说文写作、研究论文写作和创意写作。这些课程的教学内容的侧重点不同，各具特色，而且难易度区分明显，可以满足学生的个性化需求。

专用学术英语类课程的主要目的是通过学习初步的专业知识，一方面使学生能够有效、得体地用英语进行学业学习、学术交流和学术研究；另一方面，帮助学生提高批判性思考能力和创新思维能力。专用学术英语课程的主要特点是将语言学习、学术能力培养和初步的专业内容学习有机结合起来，强调英语学习服务于专业学习、学术交流和研究。系列课程包括：学术英语（人文）、学术英语（社科）、学术英语（理工）、学术英语（管理）、学术英语（医学）和学术英语（综合）。

语言文化类课程的目标是拓宽学生的知识面，帮助他们了解中西方文化差异、学习用英语讲中国故事，提高学生的文化素养和文化认同，从而提升跨文化交际能力。该系列课程包括：英美文化概况、美国文学、英国文学欣赏指南、文化阅读、西方儒学名著导读、中美校园文化研究、影视与英美文化讨论等。

根据学校国际化人才培养发展战略，同时考虑到部分学生对第二外语学习的需求，以及部分专业特点，我们把单一的英语能力培养改为多语种外语能力培养。第二外语课程帮助学生扩展国际化视野，进行更大范围的跨文化交流，培养他们对各种文化的包容意识，增强就业竞争力，拓宽个人发展空间（文秋芳 2011）。我们充分利用校内外资源，为学生开设包括法语、德语、俄语、日语、朝鲜语、西班牙语、瑞典语、梵语、葡萄牙语等第二外语课程。这些课程的开设充分体现了我校国际化人才培养的特色。

4. 多元化多层次大学外语课程体系实践

复旦大学自 2011 年 9 月起实施多元化多层次大学外语课程体系，参与学生约 15,000 人，包括 2011 级、2012 级、2013 级、2014 级和 2015 级。参与教师约 60 多人。虽然我们没有进行大规模的问卷调查，但我们收集和分析了 2011—2016 学年学生自主选课数据和学生参加复旦大学英语水平测试的相关数据。这些数据可以从一个侧面反映出学生对外语课程体系的认同和课程对学生提高英语水平的影响。

图 3 是 2011—2016 年综合英语课程、学术英语课程（包括通用和专用学术英语）和语言文化课程模块选课数据对比。除 2013—2014 学年外，每学年修读学术英语课程的人次最多，其次是综合英语课程，修读语言文化课程的人次最少；而且修读综合英语课程的人次有下降趋势。这说明学生已经顺利地从高中英语课程学习过渡到大学的外语课程学习，并把学习重心转向学术英语课程。

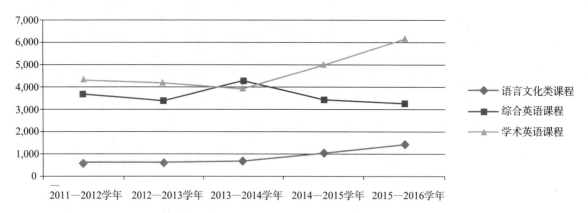

图 3　2011—2016学年各课程模块选课人次对比

另外，修读学术英语课程的人数总体呈上升趋势，2015—2016 学年修读人数达到 6,000 多人次。近几年，复旦大学本科毕业生中有约 30% 的学生出国留学；多数院系都开设了一定数量的全英语专业课程；学校每年选派 2,000 多人次赴海外留学交流。学术英语课程可以帮助学生在进行学业学习、学术交流和学术研究时有效得体地使用英语，从而很好地完成以上学习任务。

就语言文化类课程选课人数而言，数据显示，从 2011—2012 学年的约 600 人次修读到 2015—2016 学年的约 1,400 多人次修读，增幅高达约 150%。随着全球化和我国改革开放的深入，越来越多的学生意识到跨文化交际能力的重要性，而修读此类课程在一定程度上能帮助他们提高文化素养和跨文化交际能力。

复旦大学英语水平考试的相关数据从另一个侧面说明了修读课程在一定程度上帮助学生提高英语水平。作为一项与教学紧密联系的校本学术英语水平考试，FET 采用了目前国际上语言测试界普遍采用的交际语言能力模型，考察学生的听、说、读、写能力（季佩英、范劲松、范烨 2016）。采用较大比重的主观性考题（68%）以及包括多个语言模态的综合性考试任务，能客观、有效地测量学生的综合英语能力、学术英语能力及跨文化交际能力。FET 每年 12 月举行一次考试，学生可多次参加考试，取最后一次考试成绩记入成绩单。

图 4 是 325 名 2011 级考生在 2011 年和 2012 年两次参加考试的成绩对比，考试由听力、写作、阅读和口语组成，分值各占 25%。数据显示，学生 2012 年的考试成绩高于 2011 年的成绩。2011 年的考试于 2011 年 12 月举行，学生入校 3 个月后就参加考试。但是，经过一年多的课程学习，这些学生再次参加考试，取得了一定的进步，尤其是听力进步最大。

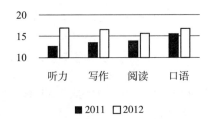

■ 2011 □ 2012

**图 4　2011级考生在2011、2012年
两次FET考试上的成绩对比（N=325）**

　　图 5 是 343 位 2011 级学生在 2012 年和 2013 年两次 FET 考试上的成绩对比。从数据中可以看出，在 2013 年的考试中，学生们的成绩总体高于 2012 年。较 2012 年相比，学生们在一定程度上取得了进步。

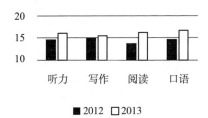

■ 2012 □ 2013

**图 5　2011级考生在2012、2013年
两次FET考试上的成绩对比（N=343）**

　　图 6 是 90 位 2011 级学生在 2011、2012、2013 年三次 FET 考试中的成绩对比。和 2011 年刚进校时参加考试的成绩对比，学生在 2013 年考试中的成绩有大幅度的提高。

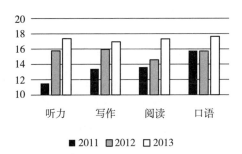

■ 2011 ■ 2012 □ 2013

**图 6　2011级考生在2011、2012、2013三次
FET考试上的成绩对比(N=90)**

　　基于FET的研究表明（Fan & Ji 2014；Fan, Ji & Song 2014），考生对考试的评价比较积极、正面；考试对教学（如学生课程修读、教学改进）产生了一定的正面导向作用和反拨效应。复旦英语水平测试体现了语言测试与语言教学之间的良性互动，并借考试的反拨作用，推动大学英语教学改革。

5. 结束语

　　复旦大学的多元化多层次大学外语课程体系构建是一项系统工程。在构建课程体系的过程中，我们根据Nation & Macalister（2010）的语言课程设计模型，对国家、学校和学生个体的需求以及教师和教学环境作了详细的分析，确立了复旦大学本科生（非英语专业）外语能力培养目标。同时，确定了课程体系应遵循的原则，即："做中学"的教育学理念、产出导向法和以学生为中心。课程体系包括通用英语、专门用途英语、跨文化英语和第二外语课程，以多元化多层次为特点。正值《大学英语教学指南》即将颁布之际，我们希望该课程体系的建设经验对我国其他高校大学英语教学改革起到一定的借鉴作用。

参考文献

Baddeley, A. D. 1990. *Human Memory* [M]. London: Lawrence Erlbaum Associates.

Bahrick, H. P. & L. K. Hall. 2005. The importance of retrieval failures to long-term retention: A metacognitive explanation of the spacing effect [J]. *Journal of Memory and Language* (52): 566-577.

Brown, J. D. 1995. *The Elements of Language Curriculum* [M]. Boston, MA: Heinle & Heinle Publishers.

Fan, J. & P. Ji. 2014. Test candidates' attitudes and their test performance: The case of the Fudan English Test [J]. *University of Sydney Papers in TESOL* (9): 1-35.

Fan, J., P. Ji & X. Song. 2014. Washback of university-based English language tests on students' learning: A case study [J]. *The Asian Journal of Applied Linguistics* 1 (2): 178-192.

Graves, K. 2005. *Designing Language Courses: A Guide for Teachers* [M]. Beijing: Foreign Language Teaching and Research Press.

Hutchinson, T. & A. Waters. 1987. *English for Specific Purposes: A Learning-Centered Approach* [M].

Cambridge, UK: Cambridge University Press.

Nation, I. S. P & J. Macalister. 2010. *Language Curriculum Design* [M]. New York: Routledge.

Nunan, D. 1988. *Syllabus Design* [M]. Oxford, UK: Oxford University Press.

Pavlik, P. I. & J. R. Anderson. 2005. Practice and forgetting effects on vocabulary memory: An activation-based model of the spacing effect [J]. *Cognitive Science* (29): 559-586.

Richards, J. C. 2001. *Curriculum Development in Language Teaching* [M]. Cambridge: Cambridge University Press.

范劲松、季佩英，2013，复旦英语水平考试效度初探：考试数据分析[J]，《外语测试与教学》（1）：45-53。

复旦大学，2011，复旦大学年鉴，http：//www.fudan.edu.cn [OL]，（2016 年 6 月 16 日读取）。

季佩英、范劲松、范烨，2016，基于语言课程设计模型的大学英语课程设置与评估[J]，《中国外语》13（1）：68-76。

文秋芳，2011，国家外语能力的理论构建与应用尝试[J]，《中国外语》8（3）：4-10。

文秋芳，2012，大学英语面临的挑战与对策：课程论视角[J]，《外语教学与研究》44（2）：283-292。

文秋芳，2015，构建"产出导向法"理论体系[J]，《外语教学与研究》47（4）：547-558。

中华人民共和国教育部，2010，《国家中长期教育改革和发展规划纲要（2010—2020 年）》[M]。北京：人民出版社。

作者简介

季佩英（1963—），复旦大学外国语言文学学院教授。主要研究领域：二语习得、外语教育、教材编写等。电子邮箱：pyji8@fudan.edu.cn

范烨（1973—），复旦大学外国语言文学学院教授。主要研究方向：二语习得。电子邮箱：fanye2006@fudan.edu.cn

对我国培养复合型高级外语人才战略的反思与展望——兼议商务英语专业人才培养的目标与模式[1]

边立志　　　陈先奎

东北财经大学　上海外国语大学

© 2017　中国外语教育（3），17–24 页

提　要：我国在复合型外语人才培养方面的探索和改革已经持续了30多年，但目前在人才培养目标把握的准确性、课程设置的规范性以及高端人才培养的量和质等方面仍然存在一些问题。本文把复合型外语人才的培养目标分为一般性复合型外语人才和专业性复合型外语人才，后者又分为向内复合型和向外复合型两种模式以及多种类型，并提出高校应该根据办学历史、区位优势和学科特色等方面因地制宜，努力创建从应用型到学术型，包括本科、硕士、博士多层次的复合型高级外语人才培养体系。最后，以商务英语专业为例对复合型外语人才培养实践进行了展望。

关键词：复合型外语人才；目标；模式；商务英语专业

1. 引言

回首新中国外语专业教育所走过的历程，特别是改革开放以来，我国的外语教育取得了一系列巨大成就，比如：外语教育形式日渐多样化，外语师资队伍结构日趋合理化，外语学术研究交流日益国际化，外语人才培养模式渐趋多元化，尤其是从20世纪80年代开始进行的复合型外语人才培养的一系列探索"是我国外语教育中影响最大、持续时间最长、涉及范围最广的一次改革"（胡文仲 2008：19）。培养复合型外语人才思想的提出，对于内在的外语学科建设和外在的社会经济发展都具有极其深远的意义。但是，目前在复合型外语人才培养实践中仍然存在一些问题，例如"部分院校对复合型外语人才培养目标把握不够准确，存在专业知识课程设置不够规范和相关复合型专业课时所占比重过大等突出问题"（戴炜栋、吴菲 2010：171）。那么，如何理解和应对以上这些问题，并进一步完善复合型外语人才培养体系呢？本文通过对复合型外语人才培养目标和模式的反思，给出了解决现存问题的对策，并以商务英语专业为例对复合型高级外语人才培养战略进行了展望。

2. 对复合型外语人才培养目标和模式的反思

经过30多年的探索和发展，我国高等教育在复合型外语人才培养方面已经积累了比较丰富的经验，创立了多种多样的复合型外语人才的培养模式。同时，一些高校已经从单科性的语言学院发展成为多科性的外国语大学（例如上海外国语大学），很多外语院（系）也逐渐摸索出了具有本校特色的发展道路（例如对外经济贸易大学的英语学院），从单向度的纯语言文学型人才培养模式转变为了多元化的复合型人才培养模式。

---

1 本文获得以下基金项目支持：2012年教育部人文社会科学研究规划青年基金项目"我国商务英语专业人才需求与培养现状、问题及对策研究"（项目编号：12YJC740002）；2014年辽宁省社会科学规划基金项目"中介语语用视角下的外语教学模式研究"（项目编号：L14BYY011）。

2.1 复合型外语人才的培养目标

那么复合型外语人才的培养目标究竟是什么呢?面对这个问题,我国外语界时至今日依然说法不一。我们先来梳理一下国内学术界对于复合型外语人才内涵的观点,主要说法如下:

1)"复合型外语人才指既熟练掌握一门外国语的各种技能,懂得该门外国语基本知识,也具有其他一门学科的基本知识和技能的一专多能的人才"(杜瑞清 1997:33)。

2)"从外语来说,复合型人才主要是指掌握了两种专业实用技能的人才"(戴炜栋 1999:2)。

3)《高等学校英语专业教学大纲(2000年)》(简称《大纲(2000)》)提出 21 世纪我国高校英语专业应该培养复合型人才,他们应具有"扎实的英语基本功、宽广的知识面、一定的相关专业知识、较强的能力和较高的素质"(高等学校外语专业教学指导委员会英语组 2000:1)。

4)"复合型主要有两个层面的含义,即人才知识结构和能力的复合及人才培养模式的复合。前者为培养目标,后者是达到这一培养目标所采取的培养模式"(胡开宝 2010:9)。

可见,复合型外语人才在外语基本功、通识知识面、相关专业知识和技能以及综合能力和素质等方面都应该达到较高的标准。总的来说,复合型外语人才的培养目标可以分为一般性复合型外语人才和专业性复合型外语人才。前者指的是非外语专业的复合型外语人才,即第一专业并非外语,但具有较强的外语技能的人才;后者也可以称作复合型外语专业人才,即第一专业为外语,但同时也掌握了一门或多门其他专业知识和技能的人才。从外语学科建设的角度来讲,专业性复合型外语人才的培养才是外语专业教学改革和研究的重点。该类人才又可以分为向内复合型和向外复合型两种。其中,向内复合型指的是在外国语言文学学科内部寻求复合对象,以达到扩大学习者的知识面和增强他们的综合能力与素质的目标;而向外复合型指的是某一外语专业在人才培养的过程中,融入了一门其他学科的专业知识与技能,以便丰富学习者的知识结构并满足社会经济发展对该类人才的特殊需要。

2.2 复合型外语人才的培养模式

培养复合型外语人才的改革主要围绕高校外语专业如何为社会经济发展提供人才支持以及外语专业的办学方向进行了探索。同时,该思想的提出给外语专业带来了新的发展机遇,但也带来了定位上的困惑。针对复合型外语人才的培养模式所展开的讨论持续了近 20 年。教育部高等学校外语专业指导委员会(1999:7)调研后得出结论,我国高等学校外语教学模式已"初步形成南北两大区域、六种教学模式的专业教学改革态势,即:1)外语+专业知识;2)外语+专业方向;3)外语+专业;4)专业+外语;5)非通用语种+英语;6)双学位等"。根据上文的讨论,复合型外语人才可以分为一般性复合型外语人才和专业性复合型外语人才两大类。前者的培养模式主要采用的是"专业+外语"的办法,例如:北京外国语大学的法学院、国际关系学院等单位的培养模式就是"专业+英语"(彭萍 2014)。鉴于此类人才从严格意义上讲并不属于外语专业人才,因此本文对其不作详细讨论,下面将重点讨论专业性复合型外语人才的培养模式。

多年来,我国高校外语院系开发设计了众多的专业性复合型外语人才培养模式。罗世平(2000)提出了"外语 + X"模式,其中"X"为变项,随着社会需要和学生需求的变化而变化。这里"外语"在前,说明对此类人才的培养而言外语能力是前提和基础,"这个'不能丢',要巩固,要提高"(戴炜栋 1999:2)。胡文仲(2008)总结了 20 世纪 80 年代以来我国高校外语专业在复合型人才培养方面探索出的四类模式:1)外语类文科大学模式,采用主辅结合的模式,例如:另一语种+英语;2)理工科大学模式,例如:英语+选修(另一专业课程,无学位),主辅修制(辅修另一专业,有学位);3)国内外培养相结合模式,与国外大学联合培养,采取"2+2"或"3+1"模式;4)其他模式,例如在英语系内开设一些其他专业的课程。以上这些模式基本上概括了我国外语专业在复合型人才培养方面的各种探索,但稍显复杂,还可以进一步归类简化。胡开宝(2010)认为,英语专业复合型培养模式主要是同时向学生系统传授英语专业与另一学科的知识和技能，具体类型包括英语+专业知识或方向、英语+辅修专业以及英语+第二学位等。纵观以上各种复合型外语人才的培养模式，主要可以分为三类：一是外语+专业方向，学生主修一门外语，选修其他专业课程；二是外语+专业（学位），学生主修外语，辅修一门其他专业；三是外语+外语（双外语学位），实践中多为某一语种再加上英语。需要指出的是，目前这三类培养模式的对象均是以本科生为主。虽然个别外语院系也招收非外语专业的考生攻读硕士学位，但毕竟还不是成熟的外语人才培养模式。那么，如何尝试在硕士和博士研究生阶段培养高、精、尖的专业性复合型外语人才，这仍是一个需要我国外语界深入反思和探讨的课题。

当然，也有一些学者针对复合型外语人才培养模式提出了质疑，例如胡文仲和孙有中（2006）提出英语专业应该大力加强人文传统和研究性教学，回归人文学科本位。从目前我国英语专业的总体教学情况看，这种说法是有一定道理的。何兆熊（2008）认为，多年来我国为培养复合型外语人才所做的努力导致了两种结果：一种是某些源于英语专业的复合型方向脱离英语专业母体而成了独立的专业；另一种是虽然许多高校的英文院系仍旧保留着复合型专业，但是这些专业的教学和科研并未被主流学界接受。其实换个角度来看，无论是提倡英语专业教育的人文性，还是主张本专业与其他专业复合的工具性，抑或成立脱离英语专业母体的独立学科，从本质上讲都是一种复合型外语人才的培养模式，无非是向内复合还是向外复合的区别。而且，虽然有些复合型外语人才的培养方向已经脱离英语专业的母体，成为了一个新的专业（如：商务英语、翻译专业），但这恰恰说明了英语专业教育的旺盛生命力和强大的成长空间，同时也促进了我国数量庞大的英语专业学科点的生态化发展，并满足了我国社会对于英语人才的多元化需求。总之，对于几十年来我国在复合型外语人才的培养目标和模式上的探索可以概括如图1。

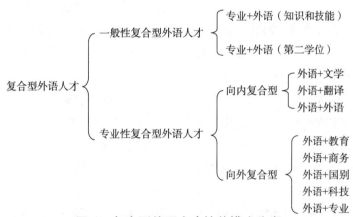

图1　复合型外语人才培养模式分类

3. 国际化背景下复合型高级外语人才培养对策

从国外的经验来看，培养复合型外语人才也是一个主要趋势。以美国为例，"二战前，美国高校沿袭大学古典语言教育的传统，强调外语的人文价值，以语言文学的学习为主要内容……（二战后）美国高校的外语教育不再以人文价值为核心目标，而是强调外语教育应该为国家安全、国家经济发展和国家的外交政策服务，从而确立了培养高级复合型外语人才的目标"（龚献静 2012：87）。在我国，从20世纪80年代开始提出并实施的培养复合型高级外语人才战略对于解决长期以来困扰我国外语教育的诸多问题发挥了重要作用。但是，当前我国外语专业发展仍然面临一些亟待解决的问题，例如专业的布局和规模不够合理，人才同质化现象比较严重，学生的创新能力和实践能力不足,高端国际化英语人才匮乏等(戴炜栋、王雪梅 2014)。因此,在培养复合型高级外语人才过程中还应该遵循以下六项原则。

3.1 前瞻性

相比之下,国外大学外语专业的学科定位相对比较稳定,而我国的外语专业却在学科定位上不断变化。对于这个问题,胡文仲(2008)认为,主要原因是我国正处于社会经济大发展的时期,因此迫切需要大量经贸、法律等方面人才,高校外语专业则迎合了市场的人才需要和学生的就业需求。其实,还有一个原因是我国外语专业的学科定位和人才培养缺乏前瞻性。在复合型外语人才培养的目标和模式问题上,我们应该对社会和市场的需求进行科学预测,不能老跟着市场跑。人才培养具有周期性,如果总是追赶市场的脚步,那么将永远滞后于市场的变化,导致所培养的人才就业困难,而市场真正需求的人才又大量匮乏。

3.2 战略性

在当今全球化竞争日益激烈的时代,复合型高级外语人才已经成为一种重要的战略资源。我国的政治外交、经济发展、国家安全、文化推广等诸多方面都有赖于外语人才发挥作用。早在二战后初期,美国语言学家Parker(1954)就提出应该把外语教育与国家利益相结合。束定芳、陈素燕(2009:27)也认为,"外语教学实践应该建立在对教学对象、教学规律和教学方法充分认识的基础上","从国家外语政策的战略高度去进行深入细致的调查研究和高瞻远瞩的思考"。因此,复合型高级外语人才的培养应该以促进国家社会经济发展与民族复兴为己任,对接国家发展战略。

3.3 创新性

教育部 2011 年颁布的《高等学校创新能力提升计划》指出,"转变高校创新方式,提升高校人才、学科、科研三位一体的创新能力"。复合型高级外语人才的培养本身就是在高校人才培养模式上的创新,对于外语学科建设和专业科研发展

都起到了重要的推动作用。蔡伟良(2009:34)认为,"外语专业培养的创新型人才,其创新最终应体现在人才对社会多元需求的适应性上和对所学知识的融会贯通运用上"。因此,各个高校在认真研究未来社会需求与国家发展战略的基础上,应该根据自身的实际情况,并结合所在区域的社会、经济与文化发展需要在复合型外语人才培养的层次、目标和模式方面有所突破和创新。

3.4 国际化

面对经济全球化的发展态势,国际竞争日益激烈,国内市场需要尽快与国际市场接轨,在这种情况下"过去那种单向度的外语人才培养模式已经难以适应经济发展和国家战略的需要"(戴炜栋、吴菲 2010:172)。正如《国家中长期教育改革与发展规划纲要(2010—2020)》明确地提出,高等学校需要"适应国家经济社会对外开放的要求,培养大批具有国际视野、通晓国际规则、能够参与国际事务和国际竞争的国际化人才"。因此,当前社会对单一型外语人才的需求将日益减少,而对复合型外语人才的需求正在不断扩大,能够参与全球性竞争与合作的国际化人才应该是我们今后的培养目标,也是中国高等教育国际化的客观要求。

3.5 市场化

当前中国的高等教育存在一个比较奇怪的现象,一方面很多大学生在抱怨读书没用,毕业了找不到工作,而另一方面很多企业抱怨招不到合适的人才。束定芳(2005)认为,我国的外语教学理论研究应该加强需求分析,这方面的不足与社会上很多有关外语的怪现象直接相关。因此,复合型外语人才培养必须以需求分析为前提,既要服务于学习者求知和求职的需要,也要服务于市场招聘和储备人才的需要,具有更强的市场针对性和适应性。

3.6 多元化

庄智象(2007:19)认为,"随着经济全球

化、科技一体化、文化多元化、信息网络化的不断发展，传统的学院式的外国语言文学教育已难以满足社会对多元化人才的需求"。据统计，美国高校所培养的外语复合型人才涵盖了政治、经济、历史、外交等160个专业领域（O'Connell & Norwood 2007）。另外，因为一般性外语人才的数量已经相对较大，所以复合型高级外语人才的培养就成为必然的选择。以英语为例，目前全国1145所普通本科院校中有994个英语专业教学点

（钟美荪、孙有中 2014），200多个英语语言文学硕士点和40多个外国语言文学博士点（戴炜栋、吴菲 2010），不同地区对外语人才有不同的需求，不同的学校有不同的优势和特色，不能都按同一模式培养外语人才。高校应该根据办学历史、区位优势和学科特色等方面因地制宜，努力创建从应用型到学术型，包括本科、硕士、博士多层次的复合型高级外语人才培养体系，基本思路如图2所示。

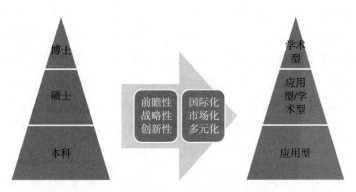

图2　复合型高级外语人才培养体系框架

4. 对复合型高级外语人才培养战略的展望：以商务英语专业为例

商务英语作为一门应用性很强的专业，是在我国对复合型外语人才培养模式不断探索和研究的基础上逐渐成长起来的。根据上文的论述，我们可以看出商务英语人才属于专业性复合型外语人才中的向外复合型这一类别，而且是"外语+商务"的模式。自从2007年教育部批准试办本科商务英语专业，据教育部网站发布的信息，截至2015年底，我国正式设立并开始招生的商务英语本科专业的高校已达294所。为了进一步深化高等教育改革，教育部于2013年开始着手本科专业教学质量国家标准的研制工作，《高等学校商务英语专业本科教学质量国家标准》（以下简称《商英国标》）也是其中的重要组成部分。下文将结合正待颁布的《商英国标》的内容来谈一谈商务英语专业人才的培养目标和模式。

4.1 商务英语专业人才培养目标

从《大纲（2000）》颁布至今，我国社会对

复合型英语人才的要求越来越高，需求也更加多元。因此，《商英国标》提出"（商务英语本科专业）旨在培养英语基本功扎实，具有国际视野和人文素养，掌握语言学、经济学、管理学、法学（国际商法）等相关基础理论与知识，熟悉国际商务的通行规则和惯例，具备英语应用能力、商务实践能力、跨文化交流能力、思辨与创新能力、自主学习能力，能从事国际商务工作的复合型、应用型人才"（王立非等 2015：298）。

可见，商务英语专业是英语和经济管理类学科之间的有机结合，是多学科的相互交叉与融合。虽然表面上已经脱离英语专业的母体，但万变不离其宗，商务英语本质上仍然是英语专业，综合语言运用能力始终是本专业教学的重中之重；此外还需要具备商务基础知识与技能、企业管理知识与技能、法律常识与应用能力、涉外贸易业务素质、解决问题的心理素质、跨文化交际能力、国际商务谈判能力等；而且必须培养商务英语专业学生对文化差异的敏感性和包容性以及处理文化冲突的灵活性。要想实现这样的教育目标，不仅要着重培养学生的语言基本功和商务实践能力，还得强化他们的人文素养，增强思辨沟通能力和工作创新能力等，以适应

日益广泛的国际商务文化交流的需要。简而言之，该专业的人才培养目标可以定位在"复合型商务英语人才"。

4.2 商务英语专业人才培养模式

随着中国改革开放的不断深入，中国经济、教育、科技日益崛起，社会对既精通英语、又熟悉国际准则的复合型人才的需求不断扩大。全国各个层次的院校，从中专、高职到普通本科高校纷纷开设商务英语专业课程。《商英国标》对于商务英语专业毕业生应该具备的知识、能力和素质给出了比较完整的说明和具有可操作性的要求。

首先，商务英语是一种英语与商科专业相结合的跨学科交叉性应用语言，它的教学中心应该是"商务的英语"，而不是"英语的商务"。因此，商务英语教学应始终坚持以英语交际能力的培养为首要任务，注重各项语言技能的平衡发展。无论商务英语专业如何发展，都不能违背英语教学的基本规律。其次，商务英语教学不是简单地在英语课程中加入商务、经管或法律方面的内容，而是把英语专业核心课程与商务专业核心课程有机融合。

再次，经济全球化要求商务英语专业人才必须既熟悉国际商务准则，又了解各国的商业文化和法规。在国际商务活动中，当面对与本国不同的政治制度、法律体系以及风俗习惯的时候，能够充分运用所掌握的跨文化知识与技能，克服文化差异和交流障碍，实现快速有效的商务沟通。最后，商务英语专业院系应该积极推进教学改革，探索培养学生的"厚基础、宽口径、活模块、高素质"新路，系统地教授各种人文知识，大力培养学生的思辨能力和创新能力，这样培养出来的学生可塑性强，具有较大的上升空间和发展潜力。

综上所述，为了实现兼具国际化、复合型、应用性三大特点的人才培养目标，商务英语专业的主要教学内容和所占专业课学时比例为：英语专业知识和英语应用能力（50%—60%）、商务知识和商务实践能力（25%—35%）、跨文化知识和跨文化交际能力（5%—10%）、人文社科知识和思辨创新能力（5%—10%）等四个方面（王立非等 2015）。因此，商务英语本科专业的人才培养模式可以概括如图 3。

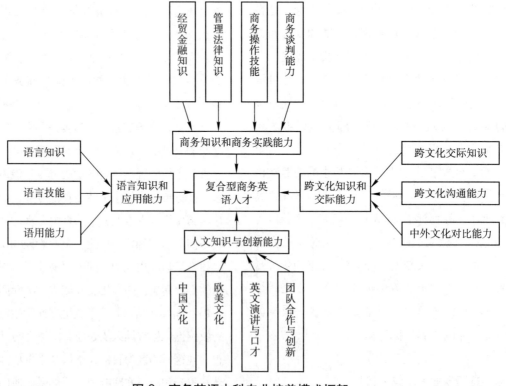

图3　商务英语本科专业培养模式框架

总之，作为复合型外语人才培养体系的一部分，商务英语专业是我国探索复合型外语人才培养模式实践中比较成功的案例，它有明确的人才培养目标，相对成熟的培养模式。《国家中长期教育发展规划纲要》指出："发挥政策指导和资源配置的作用，引导高校合理定位，克服同质化倾向，形成各自的办学理念和风格，在不同层次、不同领域办出特色，争创一流。"尽管一些外语界的专家和教师对于商务英语专业的产生与发展表示过担忧或者怀疑，但既然教育部已经在广泛调查的基础上，正式批准设立了商务英语专业，那么我们就应该思考如何把它办好，适时地推动商务英语专业走上理性、科学的发展轨道，使其更有效地服务于我国国家战略，同时也为其他类别的复合型外语人才培养提供较好的示范。

5. 结论

随着世界经济发展日益全球化，我国改革开放持续扩大，社会对外语人才的需求日渐多元化，过去以语言文学为主导的单一型外语人才培养模式已经不能满足我国经济发展的需要，仅以拓展知识结构为目标的复合型外语人才培养模式也无法为国家发展提供足够的支持。因此，培养复合型高级外语人才既是 21 世纪经济全球化和教育国际化的大势所趋，也是实现我国"一带一路"战略和中华民族伟大复兴的客观需要。外语专业的毕业生应该具有更强的社会适应性和国际竞争力，在这样一个日新月异的时代成为参与国际合作竞争与全球知识交流的主要力量。新时代和新形势对复合型外语人才的培养提出了更高的要求，因此我们要主动对接国家战略和社会需求，努力培养外语基础扎实、专业口径宽广、具有国际视野、创新精神和实践能力的外语专业人才。

参考文献

O'Connell, M. E. & J. L. Norwood. 2007. *International Education and Foreign Languages* [M]. New York: The National Academies Press.

Parker, W. R. 1954. *The National Interest and Foreign Languages* [M]. Washington: National Commission for UNESCO.

蔡伟良，2009，对外语人才培养的思考[J]，《外语界》(6)：30-35。

戴炜栋，1999，关于面向 21 世纪培养复合型高级外语人才发展战略的几个问题[J]，《外语界》(4)：1-3。

戴炜栋、王雪梅，2014，我国高等教育内涵式发展背景下英语专业的建设思路[J]，《外语界》(3)：2-11。

戴炜栋、吴菲，2010，我国外语学科发展的约束与对策[J]，《外语教学与研究》(3)：170-175。

杜瑞清，1997，复合型外语人才的培养与实践[J]，《外语教学》(2)：33-36。

高等学校外语专业教学指导委员会英语组，2000，《高等学校英语专业英语教学大纲》[Z]。北京：外语教学与研究出版社。

龚献静，2012，美国高校培养复合型高级外语人才的经验及启示[J]，《复旦教育论坛》(3)：87-89。

何兆熊，2008，英语专业——过去的 30 年和它的未来[A]。载庄智象（编），《外语教育名家谈》[C]。上海：上海外语教育出版社。210-220。

胡开宝，2010，复合型、研究性和国际化英语专业人才培养体系的构建：理念与实践——以上海交通大学英语专业教学改革为例[J]，《中国外语》(6)：8-16。

胡文仲，2008，英语专业"专"在哪里？[J]，《外语界》(6)：18-24。

胡文仲、孙有中，2006，突出学科特点，加强人文教育[J]，《外语教学与研究》(5)：243-247。

教育部高等学校外语专业教学指导委员会，1999，高校外语专业教育回顾与展望[J]，《外语界》(4)：4-9。

罗世平，2000，也谈 21 世纪复合型外语人才培养模式[J]，《外语界》(3)：8-17。

彭萍，2014，"专业＋英语"复合型人才培养模式中英语教学的问题及对策[J]，《中国大学教学》(12)：32-39。

束定芳，2005，呼唤具有中国特色的外语教学理论[J]，《外语界》(6)：2-7。

束定芳、陈素燕，2009，宁波诺丁汉大学英语教学的成功经验对我国大学英语教学改革的启发[J]，《外语界》(6)：23-29。

王立非、叶兴国、严明、彭青龙、许德金，2015，商务英语专业本科教学质量国家标准要点解读[J]，《外语教学与研究》(2)：297-302。

钟美荪、孙有中，2014，以人才培养为中心，全面推进外语类专业教学改革与发展——第五届高等学校外国语言文学类专业教学指导委员会工作思路[J]，《外语界》(1)：2-8。

庄智象，2007，关于我国翻译专业建设的几点思考[J]，《外语界》(3)：14-23。

作者简介

边立志（1977—），东北财经大学国际商务外语学院副教授。主要研究领域：二语习得、商务英语教学。电子邮箱：lizhibian@163.com

陈先奎（1978—），上海外国语大学上海外语教育出版社博士。主要研究领域：外语教学、外语教师教育与专业发展。电子邮箱：xiankuichen@163.com

2017年8月　　　　　　　　　　　中国外语教育（季刊）　　　　　　　　　　　August 2017

第10卷　第3期　　　　　Foreign Language Education in China (Quarterly)　　　　Vol. 10　No. 3

架起技能课和专业课的桥梁——《大学思辨英语教程精读1：语言与文化》教学反思

蓝　纯

北京外国语大学

© 2017　中国外语教育（3），25–31 页

外语教学

提　要：本文在"以内容为依托的教学"和"产出导向法"的理论背景下总结笔者的《大学思辨英语教程精读 1：语言与文化》首轮教学实践，针对传统精读课堂存在的信息稀薄、产出有限、思维及学术训练欠缺、课本至上等不足，提出"以有效提问激发批判性思维"、"让学习在同学间互动和师生互动中发生"和"在真实的学术实践中升华学习和思考"的思路，引导学生从单纯地学英语到以英语为阅读、思考和产出的媒介，学习关于语言和文化的专业知识，并尝试初步的学术探索。

关键词：技能课；专业课；产出导向法；以内容为依托的教学

1. 研究背景

中国大学英语专业的课程设置一般分为技能课和专业课两个部分，前者包括传统的听力、口语、阅读、写作，其重点是听说读写等语言技能的训练，而以听说读写的内容为辅（常俊跃等 2009；陈则航、程晓堂 2015；高璐璐、常俊跃 2013；黄源深 2010）；后者如语言学概论、文学概论、英国历史、美国外交等，其重点是专业知识的传授，而以语言技能的训练为辅。这样的课程设置有其客观原因（即在 20 世纪 90 年代以前，囿于中小学阶段有限的英语课时投入和几乎为零的课外英语输入，大学新生的英语水平多不足以支持他们以英语为工具摄取专业知识），却也恰是"以内容为依托"的教学理念（Content-based Instruction，CBI）所力图矫正的语言形式与内容学习被人为分割的真实写照。随着中国中小学英语教学的普及和全民英语水平的提高，如今大学英语专业的新生英语能力已非父辈可比（陈则航、程晓堂 2015；黄源深 2010；蓝仁哲 2009），继续这种技能课和专业课的人为分割，

继续在大学低年级向技能课倾斜，日益显示出其弊端，不仅阻碍了学生的专业知识获取，甚至也未必能有效地促进英语水平的提高。正是因为看到了这一变化，同时也是出于对英语专业学科性的反思，近年来国内很多高校都对英语专业的课程设置进行了改革，主要体现为：提高专业课程的比例；将专业课程的开设从三、四年级提前到一、二年级；将部分技能课程交给自主学习中心，由学生自己安排时间完成，等等。

除此以外，作为一线教师，笔者认为还有一个相对更简便易行的办法，即改造传统的技能课程，加强其知识性、思辨性和人文通识性。这一做法有如下益处：第一，可操作性强，不牵扯对现有课程设置的大规模调整，能减轻教学管理者和教师的压力；第二，照顾到学生水平的差异，虽然现在学生的整体英语水平较 30 年前有很大提高，但地域差异、外国语高中的学生（简称外校生）与普通高中学生（简称普高生）的差异、个体差异等仍然存在，部分学生对语言技能课程仍有需求；第三，有助于在技能课程与专业课程之间架起桥梁，帮助学生完成二者的过

渡。最后这一点笔者认为在近年的课程设置改革中被相对忽视。

那么如何改造现有的语言技能课程，帮助学生在夯实语言基本功的同时，以英语为阅读、思考和产出的媒介，获取专业知识，并尝试初步的学术探索呢？本文介绍的北京外国语大学英语学院配合"大学思辨英语教程系列"推出的《大学思辨英语教程精读1：语言与文化》（以下简称《语言与文化》）教程就是改造传统精读课程的一个尝试。我们的课程改革以CBI为理论指导，并在具体教学实践中参考"产出导向法"（Production-oriented approach，POA）（文秋芳2015）设计教学环节，以"学习中心说"、"学用一体说"和"全人教育说"为教学理念，以"输出驱动"、"输入促成"和"选择性学习"为教学假设，教学流程由"驱动"、"促成"和"评价"三个环节构成，教师在每个环节中发挥中介作用。

本文将总结笔者的第一轮教学实践，反思在授课、反馈等环节从传统的技能课堂向更具知识性、学科性、思辨性和探究性的专业课堂的摸索，以此抛砖引玉，希望能对与笔者一样摸着石头过河的新教程试用者和精读课程改造者有所启发。

2.《语言与文化》教学实践

传统的精读教学围绕课文中的语言点展开，教师逐句讲解，遇到难点进行改述，力求学生将整篇课文的语言点吃透。这种以教材为中心、"课文至上"的教学模式已经被几十年的实践证明是有效的，但是如果我们愿意直视，其弊端也是明显的（蔡基刚2001；陈则航、程晓堂2015；袁平华2010）。主要有如下四点：第一，知识和信息的稀薄。围绕一篇1500词左右的课文，投入一个星期的时间，而课文内容零散，一册课本并无连贯的主题或者学科体系贯穿，学生在一个学期的学习后，得到的可能只是单词和短语。第二，与输入的贫瘠相应的是学生在传统精读课堂上有效产出的匮乏，学生所说所写有限，所思更有限。第三是思维及学术训练的欠缺。虽然有经验的教师在授课中会就课文的理解穿插一

些提问，但是总体而言，学生在传统的精读课堂上是相对被动的，围绕课文理解所做的思考是浅层的，更没有学术研究的尝试。第四，这样的教学方式固化了学生从中学起就养成的围绕课本展开一切学习活动的习惯：预习是看课文，听讲是吃透课文，复习是反刍课文，一旦离开课本就不知所措。

"大学思辨英语教程精读系列"从教材编写到课程开发都直面了上述问题，力图为传统精读课的改造摸索出一条路径，一方面保持扎实的语言基本功训练，另一方面引导学生从单纯地学英语到以英语为阅读、思考和产出的媒介，摄取专业知识，尝试学术探索。该系列共四册，分别是《语言与文化》、《文学与人生》、《社会与个人》和《哲学与文明》。从各分册的标题即可看出，与传统的精读教程不同，该教程按知识逻辑和主题单元搭建架构，每个分册涉及人文社会科学的一个知识领域，各单元按主题推进，探讨该知识领域的重要话题（孙有中2015a）。简而言之，该系列教程"不仅是语言教程，而且是知识教程，旨在帮助学生运用英语比较系统地学习语言、文化、文学、历史、哲学乃至社会学领域的学科知识，搭建跨学科的知识结构，提高人文素养，为进入高年级学习本专业或相关专业的知识课程奠定坚实的学科基础"（孙有中2015a：vi）。可以说，该教程融合了技能课与专业课的特点，为教师在教学实践中帮助学生在习得语言的同时初尝以英语为工具获取专业知识，从而为完成两类课程之间的过渡提供了很好的操作平台。

这套教材于2015年9月在北京及外地多所学校开始试用，笔者有幸承担了精读第一分册《语言与文化》的首轮教学任务。笔者任教的大一班级共21名学生，其中8名为普高生，13名为外校生。课时为每周6学时，周一、二、四各2学时。每周完成一个单元的教学，课时分配如下：

第1学时：热身练习，启动本单元的主题；检查学生预习任务的完成情况。

第2—5学时：课文解析及话题探究，配合思辨性阅读部分的练习。

第6学时：学生以小组为单位，就思辨性阅读及跨文化反思中的话题进行陈述，教师点评。

如POA所倡导的，整个教学过程由"驱动—促成—评价"三个环节构成，每个环节本身又在更具体的层面上蕴含"驱动—促成—评价"环节，践行"学用一体"的理念。比如，第1学时以"驱动"为主，启动一个单元的教与学；而这一过程本身又通过教师有针对性的输入和对学生输出的调动进一步促成学习的发生及深入；且教师对学生的输出做出即时反馈，构成课堂评价的一部分。第2—5学时以"促成"为主，围绕课文解析和思辨性阅读展开；但课文解析不是教师的"满堂灌"，而是精心设置驱动性练习和课堂讨论及其他活动，在师生互动、学生间互动中促成对课文及拓展知识的习得、思考和升华，在此过程中不断穿插来自教师的评价和同学之间的互评。最后，第6学时的小组陈述是一个单元最大的产出活动，它由一周的课堂内外的学习活动促成，并在课堂上得到来自教师和同学的即时评价，又在课堂下得到教师书面的延时评价。

简而言之，笔者在教学实践中力图在以下三点上有所尝试：1）以有效的提问激发学生的批判性思考，以对问题的探索和求解来组织教学。2）以任务明确的小组讨论、集中分享为主要的课堂活动，尽量使学生在讨论和分享中完成对课文的分析、理解、质疑以及对语言点的关注和习得。3）以基于小组调研的课堂陈述最大化学生的优质输入和有效产出，使语言习得和专业知识获取在真实的学术实践中融合并发生。下文将进行分述。

2.1 以提问促思考

提问是教师常用的教学手段，但并非所有的问题都能有效地促进思考，推动学习的发生。从答案类型上，我们可以区分出三类问题：一类是有唯一的标准答案的程序性问题（question of procedure）；一类是要求做出主观选择的好恶问题（question of preference）；还有一类是要求在不同的观点之间进行比较的判断问题（question of judgment）（Paul & Elder 2006；蓝纯 2014）。第一类问题能帮助学生记住一些重要的知识点，但是如果它成为唯一的问题类型，那么显然对引导学生进行自主、独立的批判性思考不利。第二类问题为一些学生所喜欢，但其背后隐藏的危险是，在很多时候，回答此类问题时我们亮出的并非观点，而是主观好恶。第三类问题指向理性思考和分析，以求形成尽可能客观公允的观点和判断，并在此基础上构筑我们的思想体系、知识结构和认知习惯（Paul & Elder 2006；蓝纯 2014）。

结合"语言与文化"课程，教师可以在不同的教学环节针对不同的教学目标设计不同类型的问题。比如，周一的第一个学时既是对学生预习活动的检查和评价，又是对本单元教学的正式驱动，可以选择以几个能引发思考的导入性问题启动教学。以第5单元"Language and Thinking"为例，Text A "Powerful mental blocks"讲述说不同语言的人在思维方式上可能也存在差异，进而导致跨文化交流的障碍；Text B "Does language equal thought?"则持相反观点，认为语言差异并不一定导致思维差异。与此相应，笔者准备的驱动问题是：

1) Are language and thought separable?
2) Do humans think in the language they speak?
3) Which comes first, language or thought?
4) Does language determine thought or vice versa?

这四个问题都属于第三类问题，在语言学界也并未形成唯一的答案，所以课堂上学生短短几分钟的思考不太可能产出成熟的观点，但寻求答案也并非笔者设计这些问题的初衷。启动学生的思考，让他们看到自己知识上的空缺，从而能用一种更自觉、更批判的态度对待本单元的学习，并种下某种机缘，等待学生中的有心人在今后的治学中发挥运用，才是笔者提出这些问题的初衷。

2.2 让学习在互动中发生

传统精读教学的做法可概括为"课文至上"和"教师中心"（文秋芳 2015），看似把一篇课文的语言点掰开揉碎"喂"给了学生，但失于信息稀薄、没有重点，而且将"学语言"和"学知识"简单化为"学课文"，将"学习"等同为"听讲"。曲卫国（2016：3）认为，讲授课文的目的"不是理解或获取该文所提供的知识信息，而是为了掌握作者是如何成功传递信息的元文本知识"，而"大多数教师没有意识到课文讲解有大于课文理解的教学目的"。笔者认为，在精读课堂上讲授课文既是为了准确理解文本所提供的知识信息，也是为了参透作者如何传递信息的元文本知识，亦是为了以课文为起点，将学生的视线引向更广阔的知识空间（Moreillon 2007）。而要达成这三个目的，教师需要注意变"课文至上"为"知识至上"，变"教师中心"为"学习中心"。为此，笔者在具体操作上，特别注意通过有效的话题和任务设计，以小组讨论、集中讨论等形式，有机融合输入和产出、驱动和促成，让学生尽量通过自己的努力完成对课文的理解和话题的分析，成为课堂的积极参与者，让学习在师生互动、同学间互动中切切实实地发生（袁平华 2010）。

为了达到学习效果的最大化，学生就必须清楚地知道每次讨论要完成的任务，而且教师设计的话题应该能在知识信息、元文本知识和超越课文的知识三个层面有效地引导学生。为此，笔者为每篇课文的每一部分都单独设计了思考题，有些针对课文内容，有些以课文内容为依托而拓展，也有些针对该部分的语言点。比如，学生是带着以下任务讨论第10单元Text A第2部分"Linear time"的：

1）What are the metaphors the author uses to talk about linear time? Are the metaphors coherent with each other?

2）In Para. 8, why does the author cite the examples of Portuguese fisherman, Sicilian priest, German composer, etc.? What does this tell us of the author's view of the relevant nations? Do you share his view?

3）According to the author, which nations follow the linear model of time?

4）In what way does the linear model of time influence the behavior of those people?

5）Translate the last sentence of Para. 7.

问题1）以课文为依托，同时引导学生认识到隐喻不仅是一种修辞手法，更是一种思维工具。问题2）引导学生反思文化定型在潜意识中对我们的认知产生的影响。问题3）和4）要求学生对课文内容进行归纳总结。任务5）是请学生翻译下面这句话：

This idea makes perfect sense to American ears, would carry less weight in class-conscious Britain, and would be viewed as entirely unrealistic in Southern European countries, where authority, privilege and birthright negate the theory at every turn.

这一任务的设计出于以下考虑：首先，这个句子的结构很有特色，是连用三个谓语动词的并列句，同时含有非限制性定语从句；其次，此句里有几个有意思的语言表达，比如make (perfect) sense to、American ears、carry (less) weight、at every turn；最后，此句风格跳脱，表达形象生动，要在汉语译文中准确传达出这种风格有一定难度。

经过这样的任务练习，学生对课文每部分从内容到语言都会有较好的掌握。小组讨论之后集中讨论：针对每一个问题，各小组自由发言，教师则点评、归纳、补充、引申。教师此时需把握两个关键点：一是清晰敏锐，能即时将各组的观点有效整合，补充完整；二是姿态平等，以鼓励、欣赏和理解的态度对待每一个学生的发言。

遵循这样的方法，课文讲解、思辨训练及专业知识拓展改变了以往教师的"一言堂"，以教师为中介，以学习为中心，输入与输出相结合，"驱动—促成—评价"贯穿始终，成为师生协力完成的一次探索之旅。

2.3 在学术实践中升华学习和思考

"语言与文化"课程每周的最后一个课时用于以小组为单位的课堂陈述，陈述的话题于前一周发给学生，每次提供3—4个话题，各组择其一。全班21名同学在自由协商的基础上分为5个小组，每组每学期完成五次课堂陈述。小组陈述是一个单元最大的学术产出活动，它以小组成员分工协作的小型项目研究为基础，是对单元学习的总结和升华，也是对一周学习效果的盘点和检验。设计这一教学环节，既是为了改变传统精读课堂上学生优质产出偏少的情况，也是POA所倡导的"学用一体"说的实践。

以第 7 单元"Cultural Stereotypes"为例，笔者提供给学生的话题如下：

1）What do you think are the Chinese display rules? That is, how do the Chinese people express different emotions in different contexts in the presence of other people? Compare the Chinese display rules with the Japanese and American rules as listed in the text.

2）*12 Angry Men*, a classical movie produced in 1957 by Hollywood, has been adapted in Russia, Japan and China, which depict different stereotypes in the three countries respectively. Watch the four movies and analyze the stereotypes in them.

3）Find five Hollywood blockbuster movies that have Chinese characters, analyze the portrayals of those characters and discuss any example of stereotyping you find.

这三个题目都具有挑战性。以第 2）题为例，学生需要看四部电影，捕捉影片中微妙呈现的各种文化定型，检索、阅读关于这些电影的背景资料、评论等等，工作量很大。让笔者惊讶且欣喜的是选择了这个话题的小组呈现了一场十分精彩的陈述。该组四名同学分工，每人看一个版本的电影，完成对该版本中的文化定型的甄别和分析。之后四人聚齐讨论，形成一个相对统一的分析框架，据此各自修改自己的陈述，再推举一位同学做开场白部分的总述，另一位同学进行最后的总结。

每组陈述总时长控制在 12 分钟，其中 10 分钟用于陈述，2 分钟用于提问和回答。这样安排的目的一是训练学生的英语陈述技巧，促使他们在严苛的时间限制里把自己的观点清晰地呈现出来；目的二是使倾听的其他小组也能积极投入，而不是仅作为被动的听者在场；目的三是通过现场的问答锻炼学生的反应能力和思维敏捷度，锤炼他们的英语口语。

在全部陈述完成后，笔者对每个小组的表现进行现场即时点评，包括陈述的内容、陈述技巧及语言质量。笔者还在每周五通过电子邮件对前一天各组的陈述给出详细的书面延时反馈。例如，笔者对围绕 *12 Angry Men* 的陈述给出了如下反馈：

I admire your courage for choosing this very challenging topic and I was impressed by the amount of work you had put into it. I was even more impressed that after watching the four movies, each of you was able to come up with a nice summary and analysis of the hidden stereotypes. You might want to improve along the following lines: 1) How can you present the main plot of a movie succinctly? 2) How can you present your main findings calmly and clearly? 3) Why are there these 4 different versions and what do they tell us about the societies they are from?

3. 学生反馈

"大学思辨英语教程"是一套新教程，《语言与文化》也是第一次正式使用，因此及时了解学生的学习和适应情况尤为重要。笔者在 2015 年 9 月 24 日、11 月 5 日和 12 月 28 日进行了三次问卷调查，并在第一次和第二次调查后与部分学生进行了一对一的面谈。三次问卷调查分别由 18、9 和 14 个开放问题组成，针对教材的各个部分和教学的各个环节征询学生的意见，全班 21 名同学全部匿名完成了三次问卷。因篇幅所限，下面主要陈述学生对教学和课程的整体评价。

表1　学生对教学的满意度

满意度	第一次问卷	第二次问卷	第三次问卷
不满意	0	0	0
满意	17/21，81%	5/21，23.8%	6/21，28.6%
非常满意	4/21，19%	16/21，76.2%	15/21，71.4%
总计	100%	100%	100%

如表1所示，4名同学（19%）对前两周的教学表示"非常满意"，17名同学（81%）表示"满意"；16名同学（76.2%）对前六周的教学"非常满意"，5名同学（23.8%）表示"满意"；15位同学（71.4%）对整学期的教学"非常满意"，6名同学（28.6%）表示"满意"。

可以看出，学生对《语言与文化》课程及教学给予了很高的认可，并且认可度随着学期的进行而提升，在期末教务处组织的教学评分中这门课程得到了97.48的高分。几乎所有学生都认为课堂上老师给予了足够的小组讨论时间，让大部分关于课文内容和语言的问题在小组成员之间得到解决。这是他们最喜欢的授课环节，因为他们不是被动地听课，而是主动地求解，小组成员之间的取长补短也让每个参与者都获益良多。例如，有同学表示："课堂讨论提高了teamwork的能力"，"小组的合作探索生动有趣，同学间的课上交流探讨让我受益匪浅"，"最受益的是小组讨论，可以从同伴那里学到很多东西"。

同时，几乎所有学生都认为课堂陈述这一环节让他们得到了很大的锻炼，虽然一开始比较发憷，但是每准备一次陈述都能感到自己的提高。有些学生表示之前从未用英语当众陈述过，因此每次陈述都是一次历练；而准备陈述过程中的分工协作、资料查询、归纳和总结，撰写发言稿等也让他们初次经历了做小型课题研究的各个步骤。一位学生说，"小组演讲非常好地锻炼了我们的语言表达能力"，"从presentation中学到了teamwork精神，比以前更加乐于表达自己的看法了"。还有一位同学在期末写了一封长信，表达她和她的组员们为了能呈现出有内容、有质量的陈述，几乎变得"魔怔"了，组员之间会反复讨论协商，推敲从文献阅读、材料收集到汇总分析的每一步，到实际陈述时，听众的每一个提问都会让他们特别有成就感，而老师在反馈中指出的问题和不足又让他们特别期待下一次陈述能做得更好。

学生在问卷中还普遍反映这门课围绕"语言"和"文化"激发他们对很多熟视无睹的现象进行思考，使得他们不仅对这两个领域有了进一步探索的兴趣，而且批判性思维也得到了锻炼。例如，有学生表示"（这门课）没有像中学一样过多地强调语言，而更强调内容并鼓励辩证思考，对提高思考能力和学习人文知识都很有帮助"；"最棒的是课堂成了思维可以自由碰撞的地方，老师、作者与我们同学的观点能在一间教室里交流、梳理"；"老师介绍的一些背景知识、相关领域的主要研究内容让我对语言文化有了初步认识，不仅理解了课文，同时训练了翻译、口语技能，培养了对语言文化的兴趣"；"每一次上课都让我想要达到更深更远，都让我更有兴趣、更加喜欢这门课。受益的方面有很多，比如对语言或文化上一些问题的思考，还有老师的一些话对于心灵的启迪或点拨，很多时候很有共鸣"。

简而言之，笔者在教学中尝试的"以提问促思考"、"让学习在互动中发生"和"在学术实践中升华学习和思考"的做法都基本得到了学生的认可，并获得了不错的反响。不过问卷调查及访谈也显示，虽然《语言与文化》在教材设计及教学实践中都力图激励学生以课本为起点，拓宽阅读的广度，加深就某一专业话题的阅读和思考的深度，但是有部分学生（7/21，33.3%）除了花大力气学好课文外，并未能腾出很多时间进行延伸阅读，甚至有少数学生（4/21，19%）连阅读每个单元的 Text B 都未能做到。究其原因，有学生整体课业负担的因素，有懒惰的问题，也有课程考试的导向的原因（限于篇幅，本文未介绍本课程的形成性评估方式）。让人欣慰的是有 14 名同学（14/21，66.7%）都阅读了教师推荐的参考书目，其中阅读最多的一位同学读了 8 篇/部。

4. 小结

总结一个学期的教学实践，笔者有如下体会：首先，《大学思辨英语教程》的编写思路是创新的，也是可行的，它符合英语专业"应加强学科本位建设和人文通识教育"（孙有中 2015b：i）的改革方向，其以人文社会科学的一个知识领域为主线、各单元按主题依次推进的编写思路也有助于为学生的专业学习奠定学科基础。其次，具体到该教程的精读系列和《语言与文化》，从课文选篇到练习设计都旨在提高学生的人文素养、学科知识、语言能力、思辨能力、跨文化交流能力和自主学习能力，为教师实践使语言学习由显入隐、知识学习由隐入显、语言与内容相结合的教学方式、改造传统的精读课堂提供了良好的平台，从而在目前略显断层的语言技能课和专业知识课之间搭起桥梁。第三，无论是在专业知识的获取还是语言技能的习得中，学生都是积极主动的学习者，教师则为组织者、启发者和引领者，只有教师以平等的姿态和尊重的态度，以一个完整的人的身份与学生一起思考、一起讨论，才能实现提高学生英语综合能力和人文专业素养的培养目标，并在这一过程中实现自我完善。第四，教学实践还让笔者认识到教师们常常低估学生的能力，因为怕学生犯错而不给他们实践的机会，因为恪守陈旧的教学方法和目标设定而限制了学生的发展。第五，对于任何课程，采用一套熟悉的教材和已经游刃有余的教学方式，对于任课教师而言总是安全、舒适且心安理得的选择，而采用新教材、尝试新教法总会面临风险，但这不应该成为教师们因循守旧的借口，因为时代在变，社会在变，学生也在变，而年轻的学生总是比教师有更大的勇气和热情去接受和拥抱改革。如果教师的惰性和因循守旧成为学生前进路上的绊脚石，那么这是教育工作者的失职。

参考文献

Moreillon, J. 2007. *Collaborative Strategies for Teaching Reading Comprehension: Maximizing Your Impact* [M]. Chicago: American Library Association.

Paul, D. & L. Elder. 2006. *The Art of Socratic Questioning* [M]. The Foundation for Critical Thinking.

蔡基刚，2001，大学英语精读课新模式探索 [J]，《外语界》（5）：73-77。

常俊跃、刘晓薷、邓耀臣，2009，内容依托式教学改革对英语专业学生阅读理解能力发展的影响分析 [J]，《中国外语》（3）：40-48。

陈则航、程晓堂，2015，英语专业基础课程教学：问题与对策 [J]，《外语界》（6）：11-18。

高璐璐、常俊跃，2013，英语专业基础阶段内容依托教学对学生英语书面表达能力发展的影响分析 [J]，《中国外语》（1）：54-59。

黄源深，2010，英语专业课程必须彻底改革——再谈"思辨缺席" [J]，《外语界》（1）：11-16。

蓝纯，2014，语言学课程与批判性思维的培养 [J]，《中国外语教育》（3）：26-31。

蓝仁哲，2009，高校外语专业的学科属性与培养目标 [J]，《中国外语》（6）：4-8。

曲卫国，2016，课文在英语综合课上作用的探讨 [J]，《外语电化教学》（3）：3-8。

孙有中，2015a，大学思辨英语教程前言 [A]，载蓝纯（编），《大学思辨英语教程精读 1：语言与文化》[C]。北京：外语教学与研究出版社。v-viii。

孙有中，2015b，大学思辨英语教程总序 [A]，载蓝纯（编），《大学思辨英语教程精读 1：语言与文化》[C]。北京：外语教学与研究出版社。i-iv。

文秋芳，2015，构建"产出导向法"理论体系 [J]，《外语教学与研究》（4）：547-558。

袁平华，2010，以学科内容为依托的语言教学对学生评判性思维能力影响的实证研究[J]，《外语界》（6）：49-56。

作者简介

蓝纯（1968—），北京外国语大学英语学院教授，博士生导师。主要研究领域：认知语言学和语用学。电子邮箱：beiwailanchun@126.com

2017年8月　　　　　　　　　　　中国外语教育（季刊）　　　　　　　　　　　August 2017

第10卷　第3期　　　　　　　*Foreign Language Education in China (Quarterly)*　　　　　　Vol. 10　No. 3

依托英语写作中心的一对一写作面谈：
基于社会文化理论的思考[1]

李　颜

浙江传媒学院

© 2017　中国外语教育（3），32–38 页

提　要：一对一英语写作面谈在国际上已经是被广泛接受的英语写作教学方法之一。在我国，由于学生基数庞大、师资力量及教育经费不足等原因，一对一英语写作教学与研究举步维艰。基于 Vygotsky 的社会文化理论，后过程写作教学法的教学理念认为英语写作学习应在社会协作情景当中自然发生，强调实际的语言发展水平与潜在的语言发展水平之间的差距，倡导英语写作学习者与能力较强的同伴协作，从而提高英语写作能力。本文通过分析社会文化理论，结合我国高校 EFL 写作教学的现状与英语写作中心的实践，提出一个系统、有效的中国高校英语写作中心的建设方案，以期提升英语写作教学质量，并促进英语写作教学研究开展。

关键词：社会文化理论；写作中心；一对一写作面谈；同伴协作

1. 引言

美国许多教育机构都开设写作中心，旨在提高学生的思维与写作能力。在写作中心面谈过程中，深谙学术写作方法的学生指导员帮助学生改进他们的论文、项目书、报告、创意写作等各种用途的文章；指导来自各学科的学生明确写作目的，改进文章结构、内容与语言风格，识别语言误用与语法错误等。写作面谈指导员的任务主要是与作者讨论如何通过修改提高文章质量（Reynolds 2009）。他们会运用批判性思维和作者深入地探讨写作的话题、原则与过程，操练修辞手法与句法，并帮助作者学会自我纠错，建立正确有效的写作思维方式，提高文章的质量。

写作中心的历史可以追溯到 20 世纪初，最初的雏形为写作实验室（Writing Labs），其理念是学生写作的时候教师应在场及时给予必要的帮助。随着美国大学院校的扩招，写作中心逐步发展为大学里一个独立的部门，写作面谈指导员也逐步地从教师演变为写作能力出色的在校大学生。除了一对一写作面谈，指导员的工作还包括担任教学班级的写作助教、开设小型工作室讲解专题写作技巧以及开展全校集体写作日等活动。

在我国，由于学生基数庞大、师资力量及教育经费不足等原因，作为教师反馈的一种形式，一对一写作面谈仅存在于少数的小班化教学当中。因其工作量大，缺乏学校政策支持，一般教师只能望洋兴叹。那么，以提高思维与写作能力为目标、学生指导员为主力军的英语写作中心在我国有没有发展的可行性？对我国英语写作教学与研究有什么启示？本文通过分析社会文化理论框架下的最近发展区（Zone of Proximal Development）、支架（Scaffolding）两个概念和社团实践（Communities of Practice）理论，结合我国高校 EFL 写作教学的现状与英语写作中心的实

---

1 本文为国家社科基金项目"英语学术论文语篇的话语策略研究"（项目编号：13BYY157）阶段性成果。本文在撰写过程中得到了浙江大学庞继贤教授的指导，匿名评审专家对本文提出了诸多建设性意见，在此深表谢忱。

践，提出一个系统、有效的中国高校英语写作中心的建设方案，以期提升我国英语写作教学质量。

2. 理论背景与文献综述

社会文化理论（Sociocultural Theory，简称SCT）认为，认知是建立在社会交往的基础上的，强调认知发展的社会文化语境（Vygotsky 1978）。后过程写作教学框架下的协作写作、同伴评阅与一对一面谈，都能在SCT框架下的最近发展区、支架和社团实践理论当中找到支撑点（Atkinson 2003；Bhowmik 2012；Craddock 2014；Cumming 2016；Lantolf & Throne 2008）。

最近发展区以学生在独立学习时的实际能力水平为起点，认为学生能力水平的发展是由其在使用与内化中介（mediation）信息的能力来决定的。在最近发展区内，至少要有一位其他的参与者来帮助学习者提高其当前的认知能力水平。这位"知识更渊博者"（The More Knowledgeable Other，简称MKO）比学习者更了解某学科的知识。在MKO的推进下，学生能够达到一个新的认知水平，由此改变了他在下一个任务当中的最近发展区起点。最近发展区学习过程是一个无限循环的认知过程，随着学习者结束一次协作学习，巩固所学知识之后，又能进入到下一个难度更高的协作学习任务当中（见图1）。

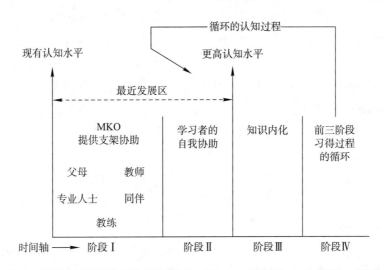

图1 最近发展区的四个发展阶段（Tharp & Gallimore 1988：35）

支架概念则是对这个学习过程形象的比喻，它被认为是学习者一系列连续的学习步骤，学生的学习过程就像在最近发展区这个支架上攀爬前进。MKO向不能独立完成学习任务的学习者提供支架，在认知过程中，当某个特殊的知识在原有支架架构下被内化以后，该支架即可移除，并被支撑下一个知识点的新的支架替代。一对一面谈或协作学习活动就被认为是个性化的支架教学方法。这种互动性强的教学方法可以在社会文化理论中找到深厚的根基，较之教师在大课堂上提供的支架教学，能为学生提供更为即时和个性化的帮助（Smagorinsky 2011）。

在美国的校园里，写作中心的运作理念基于"社团实践"理论（Lave & Wenger 1991）。与社会文化理论一脉相承的社团实践理论（Wenger 2010）指的是有着共同目标的一群人，因为兴趣聚集在一起合作，互相分享与学习在实践中获得的知识与经验。社团实践有三大特点：第一，社团成员之间有着相同的兴趣与利益；第二，社团成员在从事他们感兴趣的专业的过程中相互帮助、分享与学习；第三，社团成员是实践者，他们在长时间的持续合作与交流中互相分享经验、故事和解决反复出现的问题的方法，创造出共享的技艺库。社团实践理论在写作教学中的应用有着"自然学习"与"生态学习"、"社会学习"与"以文成事"、"技艺传授"与"师生互动"和"动态参与"与"过程写作"的优点（杨永林、丁韬 2011）。在美国，写作中心指导员的主力军是热爱并擅长写作的硕、博研究生和经过严格的高级写作课程训练的本科生。

人们或许会质疑大学生指导员，特别是母语为非英语的指导员的教学效果。他们担心学生指导员的英语知识不够扎实、对语言问题的评议过于模糊以及他们的权力角色问题。然而，在社会文化理论背景下开展的众多二语习得实证研究均能证明中等及中等以上水平的语言学习者在同伴协作中能获得显著的进步。国际上，诸多研究证明了经过细心设计的同伴评阅培训能有效地帮助写作者认识自己的写作过程和提高二语写作能力；二语学习者在协作写作时写出的文章在完整性、语法准确性和复杂性上表现更优秀；同时，协作写作活动对于二语写作者在文章的内容、结构和词汇上都有显著性的影响（Dobao 2012；Eksi 2012；Hu 2005；Shehadeh 2011；Storch 2005）。在国内，SCT-L2 的写作教学实证研究也已经开始起步。邵春燕（2016）研究了社会文化视角下英语专业写作教学的多角色参与模式。研究结果表明，多角色参与模式能够从语言、语篇、逻辑和思辨层面有效地提高学生的写作质量，并有助于培养学生的写作自主性。徐锦芬（2016）的实证研究以社会文化理论为框架，以 62 名非英语专业大一学生为研究对象，发现同伴支架在总体上对小组互动的有效开展具有积极作用。

相比较传统的教师—学生英语课堂教学与反馈，英语写作中心的一对一面谈在英语写作教学中对读者意识、即时反馈及指导双方共同进步各方面均有着显著的优点。以上综述清楚表明：

1）一对一写作面谈能为学生在英语写作习得过程中提供有效的支架支持与即时反馈。

2）一对一写作面谈更关注学生在英语写作习得过程中的思维发展技巧。

3）经过系统培训的学生指导员能胜任一对一写作面谈工作。

4）一对一写作面谈能给学生提供作为作者或指导员的责任感，从而使英语写作习得过程更具成就感。

3. 个案研究

以美国中部一所综合性大学为例，该校写作

中心正式在编人员仅有三人：写作中心主任，主任助理和一名写作专家，均持有语言学博士学位。其余 40 名写作面谈指导员和行政秘书均为校内招聘的在校研究生和本科生。其中，本科生指导员需要通过一门高年级写作课（English 400: Teaching and Tutoring Writing）才能申请入职面试，是极好的社会实践经验。该写作中心在学校各校区、各图书馆及学生寝室楼均设有指导站点，同时还开设了网络视频指导和社区服务。

面谈指导员在指导中需要遵循一定的管理办法。指导过程中其中一方应该清晰大声地诵读文章，以帮助双方更直观地理解和发现问题；面谈指导需遵循"由大到小"的原则：先考察高阶问题（Higher order concern），即文章的主题、内容、体裁、结构、连贯性和语言风格；再细化到低阶问题（Lower order concern），即语言和语法上的不得体性。该写作中心的访问量为全校学生人数的 15%，约 4500 人，其中 ESL/EFL 学生占访问人群的 50%（Badcock & Thonus 2012）。

4. 实践行动

参考美国高校写作中心的运作模式，笔者于 2014 年结合本校英语教学的实际情况开展了一系列的实践活动，分别在所在学校举办了三次主题为"Write Now, Write Here"的集体写作日活动。每次约有 6—8 名教师和三十余名学生参与这三次一对一写作面谈活动。活动为到访学生提供现场写作的自习室、与教师一对一面谈的小会议室、提高写作技巧的工作坊、各类写作考试的题目、范文及提高写作的英语小知识。这三次写作活动是本校在英语写作教学模式上的一次突破性的尝试。活动当场发放的问卷统计（87 张有效问卷）显示，100% 的到访学生都希望类似的活动能定期举行，93% 的到访学生表示希望能有英语写作能力强的同学来担任面谈指导员，向他们传授自身提高写作的心得与经验。

自 2015 年秋季学期起，本校英语写作教学与研究科研小组便开始了定时定点面向全校师生英语写作学习者的一对一面谈预约服务。教师指导员团队通过培养和竞赛选拔优秀的学生指导员，根据学校的实际情况构建了写作中心的组织架构和运作模式，在实践过程中不断优化写作中心的运作方式，使写作中心在资源不足的情况下能够提供专业和有效的写作指导，让学生能够方便快捷地享受到一对一写作指导，有效地帮助学生提高英语写作能力。

4.1 写作中心组织架构

英语写作中心的主要职责是为本校学生提供一对一英语写作面谈指导，并定期举办小型写作工作室和集体写作日活动，旨在帮助热爱英语写作的同学写出优秀的英语作品。写作中心的核心由教师指导员和学生指导员组成，通过写作中心管理员负责写作中心日常工作的运作和安排，为广大学生提供一对一写作指导。写作中心通过校内邮箱预约和设立指导站点的方式维持日常运转。写作中心管理员由一名教师与一名勤工助学的同学组成，主要负责写作指导的预约工作。

4.2 教师指导员与学生指导员

教师指导员的主要职责是负责学生指导员的培养和选拔，同时也担任写作指导员为学生提供一对一的写作指导帮助。笔者在组建写作中心的过程中，给全体教师做了一次讲座，重点介绍了英语写作中心的运作理念与一对一写作面谈的教学方法，并组织英语写作指导教学小组，开始实践活动。三位教师指导员合作开设了以浙江省英语写作竞赛为依托的独立实验课程"英语写作思维训练"。目前，我校英语写作中心教师指导员团队基本形成了以三位教师为主、一个教学小组为辅的团队建设。

在写作中心运作过程中，教师指导员团队逐渐无法满足日益增多的面谈需求，选拔和培养优秀的学生指导员是最佳的解决方案。学生指导员是由学校英语写作竞赛选拔，并经过严格的英语写作思维训练。他们有着共同的信念——同伴协作精神能够创造出更优秀的思想和作品。这些热爱并擅长写作的年轻人聚集在一起，学习和分享

知识与经验；在共享的技艺库的支持下，指导者与作者教学相长、共同进步。学生指导员是写作中心指导工作的主力军。

4.3 学生指导员的选拔与培训

"外研社杯"全国英语写作大赛为选拔学生指导员提供了良好的平台。从各校的初赛、各省的复赛到最后全国决赛，选手们积极练习如何科学、正确、真实地用英语写作表达自己的思想。这个赛事的举办让高校更重视英语写作教学；同时，我校对于赛事的大力支持也解决了英语写作中心的经费和场地问题。2014年，浙江省正式将"外研社杯"英语写作大赛纳入到省级学科竞赛当中。教师指导选手参赛的阶段就是选拔和培养优秀学生指导员的过程。在校级比赛中脱颖而出的特等奖及一等奖选手，都是英语写作能力较强的学生。将这些学生召集到一起，向他们说明社团实践理论的理念，充分肯定他们的写作技能，并鼓励他们互相协作学习。从提高思辨能力角度入手，培养他们英语写作的思辨意识：主题句意识，读者意识，人品、理性、情感诉诸意识和任务反思意识。从实战练习入手，通过写作任务互评和教师面谈，切实提高学生的逻辑推理能力与语言能力。结合精心设计的培训课程，这类英语水平较高、学习能力较强的学生进步飞快，最后学校还可以通过面试考查学生是否具备担任面谈指导员的心理素质。

基于这个思路开设的"英语写作思维训练"共48学时，历时16周，课程组成员由四名教师组成，其中含一名外教。申请选修该门课程的学生均需携带个人习作前来写作中心面试，面试通过后方可加入课程学习。首次开课入选的16名学生英语写作的学习动机强，愿意主动进行大量阅读、思考和写作。以本学期课程制定教材为例，学生先后选读了张在新主编的《从创新思维到批判性思维》英语写作教材1—4册、摩尔与帕克合著的《批判性思维》、艾德勒与范多伦的《如何阅读一本书》、卡比与古德帕斯特合著的《思维——批判性思维与创造性思维的跨学科研究》、Lave和Wenger关于社团实践理论的文献以

及国外写作中心关于一对一写作面谈中反馈类型的研究论文。表1为写作指导员选拔培训课程"英语写作思维训练"教学大纲，整个学期期间，这些热爱英语写作的同学们在每周2学时理论学习、1学时一对一/小组面谈实践及自主课外学习中，完成了大量的阅读讨论，3次作文（创意写作、说明文与议论文写作）的协作写作、多稿写作与同伴反馈任务，以及英语写作竞赛和一对一写作面谈实践任务。课程的期末考试即为2016年"外研社杯"全国英语写作大赛校级初赛。赛后，写作中心举办写作沙龙，将评阅教师与参赛选手聚到一起讨论和反思。课程考核结束后，16名学生向写作中心递交申请，经过面试选拔，成为一对一写作面谈的指导员。

表1　培训课程"英语写作思维训练"教学大纲

周数	理论学习内容	实践内容
1	创新思维与思维导图	写作任务1初稿
2	思维导图与创意写作	同伴评价
3	读者意识	写作任务1二稿
4	中心思想：主题句与段落中心句	教师反馈
5	段落发展模式1：因果关系	写作任务1三稿
6	段落发展模式2：下定义、分类	写作任务2：协作写作
7	段落发展模式3：比较与对比	小组评价
8	反思：说明文的写作方法	写作任务2二稿
9	诉诸、逻辑与思辨	教师反馈
10	论题与论据；演绎与归纳	写作任务2三稿
11	逻辑谬误	写作任务3：协作写作
12	逻辑谬误	小组评价
13	阅读材料分析1：议论文的论证过程	写作任务3二稿
14	阅读材料分析2：议论文的论证过程	教师反馈
15	反思：议论文的写作方法	写作任务3三稿
16	"外研社杯"英语写作大赛校级初赛	一对一写作面谈实践

4.4 写作中心运作

本校学生可以选择预约教师或学生指导员，两个校区每周共有五个时间段和两个指导站点供选择，每次一对一面谈时间为30分钟。指导员先通过寒暄的方式了解来访者的目的和写作任务的要求。一般指导员会大声朗读来访者的文章，以帮助来访者增强其读者意识。指导员会以提问的方式启示作者从读者的角度去分析、推理并评价其文章主题、内容、结构等方面的合理性；对于语言和语法问题，指导员会礼貌地声明自己不是编辑，不会一处处地把错误之处改正，但是他们会归类写作者的问题，来帮助写作者掌握语言

的规范、学会自我纠错和自我提高。一对一面谈的过程都会通过录音记录下来，供写作指导员、来访者和教师指导员对面谈的过程进行学习、评估和研究。写作中心定期组织写作交流活动，由教师指导员、学生指导员和接受过写作指导的学生一起参与、分享和讨论一对一面谈的心得和体会，对面谈效果好的录音进行讨论，共同分享优秀的作品。

以2016—2017学年第一学期15周为例，写作中心共接受了48位来访者，合计79次一对一写作面谈预约，写作类型多样（创意写作、新闻写作及各类英语考试作文）。其中，高达57次

（72%）的面谈是由学生指导员主导、教师指导员旁听的；仅 22 次为教师指导员主导。有不少来访者会重复预约，值得一提的是，有 5 位来访同学的预约次数超过 4 次，他们的面谈指导员均为参加过省级英语写作竞赛的学生指导员。

图 2 为我们呈现了一个系统、有效的写作中心运作模式：三条主线与一个循环。在三条主线中，教师在写作课堂上向学生传递写作知识的

同时，向学生示范多稿写作、协作写作的方法与一对一写作面谈的技巧。在一个循环中，教师与经过专业写作训练的学生互相合作，一方面在英语写作中心为更多的写作爱好者提供写作指导，另一方面学生指导员在写作竞赛的依托下不断提高写作技艺库中知识的积累，整个过程都贯穿着成就感。

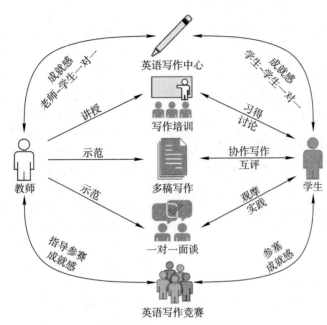

图 2　写作中心运作模式

目前国内设立英语写作中心的大学屈指可数，有关一对一写作面谈的实证研究几乎空白。写作中心设立之后，学生指导员和教师的指导效果比较及写作中心是否能有效提高学生英语写作水平还有待更多实证研究的考察，英语写作中心在我国的设立和发展，不仅需要细致地分析和参考国外大学的运作模式，更要结合我国高等教育的实际情况，相信这是一个能惠及师生、帮助师生共同进步的有效途径。

5. 结语

在众多指导形式当中，一对一面谈在西方被认为是传统课堂教学辅助手段中最有效的教学方式。一对一写作面谈使得英语写作学习得以在社会合作情景当中自然发生：通过协作提高学习

者的语言能力；通过讨论激发学习者的批判性思维与写作能力（文秋芳、孙旻 2015）。除了能提高读者意识、责任感意识和即时的交流和反馈，经过系统培训的写作面谈指导员还能针对写作任务向写作学习者进行启发式的提问和提供支架协助，英语写作学习者能在指导过程中更快地缩短自身与英语写作知识更渊博的指导员的差距。英语写作中心的设立能有针对性地解决我国英语写作教学面临的诸如师生比例失调等尴尬现状。同时，在当前高校大学英语学分压缩的大潮下，英语写作中心的推广和应用在将来也不失为一个充分利用师资和提高教学质量的合理手段。

在写作中心与一对一面谈的实践过程中，主要遇到两个问题：优秀学生指导员的培养和选拔问题与教师、学生指导员在面谈过程中的实际表现。英语写作思维训练课是一门选修课，很难保

证每学年都会有足够优秀的学生自愿选入。另外，有个别教师指导员在指导后表达过面对学生习作无从下手的感想；也有个别学生指导员不按照培训时的指导步骤行事。当然，美国的大学写作中心同样面临类似的难题，研究者们也在实践与研究中不断摸索和改进。在实践过程中，针对指导员短缺问题，可以通过合理安排硕、博研究生助研助教工作来缓解。而对于面谈过程中的实际表现，美国的大学写作中心每月会开展指导员实践活动，巩固和更新指导技艺库，分享指导心得与反馈问题。此外，写作中心的工作人员还会定期去旁听指导员的面谈并及时给予反馈。最后，写作中心正常运作以后，实证研究的开展将会更科学地引导面谈的具体实施过程。中国是英语学习大国，英语写作中心的设立与一对一英语写作面谈的开展不仅可以提升我国英语写作教学质量、促进英语写作教学与研究的开展，还能为国际写作中心大社区的EFL写作教学与研究提供可借鉴的经验。

参考文献

Atkinson, D. 2003. Writing and culture in the post-process era [J]. *Journal of Second Language Writing* (12): 40-63.

Badcock, R. & T. Thonus. 2012. *Researching the Writing Center: Towards an Evidence-Based Practice* [M]. Pieterlen: Peter Lang.

Bhowmik, S. 2012. A Sociocultural Approach to the Study of L2 Writing: Activity System Analyses of the Writing Processes of ESL Learners [D]. Ph. D dissertation. Phoenix: Arizona State University.

Craddock, H. 2014. Tutoring ESL Students for Improvements in Language Skills [D]. Master Dissertation. Huntington: Marshall University.

Cumming, A. 2016. Theoretical orientations to L2 writing [A]. In P. Matsuda & R. Manchon (eds.). *Handbook of Second and Foreign Language Writing* [C]. Berlin: Mouton de Gruyter. 65-88.

Dobao, A. F. 2012. Collaborative writing tasks in the L2 classroom: Comparing group, pair, and individual work [J]. *Journal of Second Language Writing* 21 (1): 40-58.

Eksi, G. 2012. Peer review versus teacher feedback in process writing: How effective? [J]. *International Journal of Applied Educational Studies* 13 (1): 33-48.

Hu, G. W. 2005. Using peer review with Chinese ESL student writers [J]. *Language Teaching Research* 9 (3): 321-342.

Lantolf, J. & S. Throne. 2008. *Sociocultural Theory and the Genesis of Second Language Development* [M]. Oxford: Oxford University Press.

Lave, J. & E. Wenger. 1991. *Situated Learning: Legitimate Peripheral Participation* [M]. Cambridge: Cambridge University Press.

Reynolds, D. 2009. *One on One with Second Language Writers: A Guide for Writing Tutors, Teachers, and Consultants* [M]. Ann Arbor: University of Michigan Press.

Shehadeh, A. 2011. Effects and student perceptions of collaborative writing in L2 [J]. *Journal of Second Language Writing* 20 (4): 286-305.

Smagorinsky, P. 2011. *Vygotsky and Literacy Research: A Methodological Framework* [M]. Boston: Sense.

Storch, N. 2005. Collaborative writing: Product, process, and students' reflections [J]. *Journal of Second Language Writing* 14 (3): 153-173.

Tharp, R. & R. Gallimore. 1988. *Rousing Minds to Life: Teaching, Learning, and Schooling in Social Context* [M]. New York: Cambridge University Press.

Vygotsky, L. 1978. *Mind in Society* [M]. Cambridge: Harvard University Press.

Wenger, E. 2010. Communities of practice and social learning systems: The career of a concept [J]. *Organization* (2): 225-246.

邵春燕, 2016, 社会文化视角下英语专业写作教学的多角色参与模式 [J], 《外语与外语教学》（1）: 79-87.

文秋芳、孙旻, 2015, 评述高校外语教学中思辨力培养存在的问题 [J], 《外语教学理论与实践》（3）: 6-12。

徐锦芬, 2016, 大学英语课堂小组互动中的同伴支架研究 [J], 《外语与外语教学》（1）: 15-23。

杨永林、丁韬, 2011, 从社团时间理论到英语写作课堂——快乐写作八要素 [J], 《中国外语》（1）: 72-77。

作者简介

李颜（1981—），浙江传媒学院大学外语教学部讲师。主要研究领域：英语写作教学与研究。电子邮箱：yanli@zjicm.edu.cn

2017年8月 　　　　　中国外语教育（季刊）　　　　　August 2017

第10卷　第3期　　　Foreign Language Education in China (Quarterly)　　　Vol. 10　No. 3

读后续写对英语过去时态使用的影响[1]

纪小凌　周岸勤

上海交通大学

© 2017　中国外语教育（3），39—45 页

提　要：近几年，国内学者王初明在协同理论的基础上提出通过读后续写促进语言学习，相关实证研究也显示在阅读英文的基础上续写文章有若干益处，其中包括提高学习者的语言准确度。具体地说，读英语后续写出现的某些形式错误明显低于读汉语后续写。我们的研究关注读后续写对过去时使用的影响以及这种影响的延时效应。结果显示，读英续写能够帮助学生显著提高过去时使用的准确率，低水平学生在读英续写中的表现甚至好于读汉续写的高水平学生；此外，我们的研究也发现这种积极的影响具有一定的延时性。进一步考察部分被试对过去时使用情况发现，读后续写中过去时态的错误主要反映在不规则动词上，而被试阅读的英文故事中出现频率最高的过去时也是不规则动词。

关键词：读后续写；协同效应；输入；过去时态使用

外语学习

1. 研究背景

20 世纪 80 年代的一些研究发现在对话时说话者往往会重复前面出现的句法结构（Bock 1986；Levelt & Kelter 1982；Weiner & Labov 1983）。Pickering & Garrod（2004）提出了交互协同模型（interactive alignment model），认为对话进行时，对话者会在不同层面上（音系、句法和语义）使他们的语言表征保持协同。Atkinson et al.（2007）认为协同是人类存在的基础，人类不停地努力与自己的生存环境保持协同，而二语习得同样如此。但上述研究仅限于对话，近几年以王初明为代表的中国学者开始把协同理论运用于写作，发现读后续写可以促进协同效应的产生，从而提高学生的语言水平。

在王敏、王初明（2014）的写作研究中，两组学生按不同顺序阅读一篇英文故事和一篇汉语故事，然后用英文续写故事，结果发现，基于英文故事的续写更多使用阅读材料中的词汇和语法结构，且语言错误显著少于基于中文故事的续写，如单复数一致、动词不定式和时态这类形式的错误。Wang & Wang（2015）发现阅读英语故事后续写的英文故事有更高的语言准确度、更多使用阅读故事中的英语表达，而阅读中文故事后续写英文故事则会引起更多的母语迁移。

姜琳、陈锦（2015）关注读后续写的长期作用，即对语言发展的影响。在为期一个学期的研究中，实验班完成 6 次读后续写的英文写作任务，而对照班完成 6 次命题英文写作任务，实验结束后实施后测及延时后测。结果显示：1）读后续写和命题作文任务都能促进语言准确度的提高，但读后续写有更好的长期效果；2）两者都能促进语言复杂度的提高，但读后续写的短期和长期效果更加明显；3）两者都有助于提高语言流利度，且效果没有显著差异。

至于读后续写是如何促进语言学习的，王初

1 本文的两位作者对上海交通大学杨小虎副教授在统计方法上给予的帮助表示衷心感谢，同时感谢两位外审专家的宝贵意见。

明（2015）对两位学习汉语的外国学生进行了有声思维的研究，发现读后续写有助于学生提高语言表达能力，帮助他们学以致用，把阅读中学到的词运用到续写当中；而且由于在续写过程中学生不时地回读原文，协同效应得到强化。王初明（2016）认为语言学习只要包含"续"，就可以带来各种益处，包括：1）表达思想的内生动力；2）伴随语境；3）缓解语言产出压力；4）抑制母语干扰；5）提供连贯衔接的模板；6）提升注意；7）在语篇使用中完善语言。

就提高语言准确度而言，王敏、王初明（2014）证明读后续写能够帮助学生提高语言形式方面的准确率，如过去时态的使用等，但没有探讨这种效果的持续性。姜琳、陈锦（2015）发现读后续写能提高学生的语言准确度，但考察的是语言错误的总数，并没有看具体某一个方面的变化，因此该项研究的结果有两种可能：1）经过一学期读后续写的训练，每一种语法错误都略微下降，错误总数显著下降；2）有些种类的错误在下降，有些在增加。为了弥补上述研究存在的不足，本研究对学生英语熟练水平加以控制，探讨读后续写对过去时态使用的影响以及这种影响的持续性，同时我们还考察过去时态错误与阅读文本可能存在的关系。

本研究试图回答如下两个问题：1）基于英语阅读的续写能否帮助学生提高过去时态使用的准确率？这种帮助是否可持续？ 2）被试在读英续写任务中过去时态的错误与英文阅读文本中出现的过去时是否有关系？

2. 研究方法

2.1 被试

本研究的被试为上海某高校非英语专业一年级学生，共93人，根据入学时分班考试成绩分成了A、B、C、D四个自然班，其中A、B班为高水平班，C、D为普通班，A、C班同学来自相同专业：计算机和化学；B、D班来自相同专业：物理、生物和数学。

2.2 研究设计

本研究在三周内完成。第一周为前测，被试在课上完成课堂作文"What I Did in the Summer Holiday"，时间为半小时。第二周为实验，被试在课上完成读后续写任务，阅读加写作的时间共40分钟。阅读素材是删去结尾的《虎妈的战歌》中主人公和女儿Lulu的第一次冲突，完成阅读任务后被试用英文撰写故事的结尾。A班和C班阅读英文片段，B班和D班阅读同片段的中文译本。英文版故事共279个单词，出现过去时态23次，为了帮助学生理解阅读文章，研究者在一些生词后面标注了中文释义。中文版故事共547个字。第一周的独立作文和第二周的读后续写都需要大量使用过去时。第三周为后测，被试拿回他们在第一周写下的随堂作文，并按要求修改自己能发现的语法错误。

2.3 变量以及统计方法

第一个研究问题涉及的因变量是过去时态使用的准确率，与Wang & Wang（2015）以及王敏、王初明（2014）的每百字错误数的统计方法不同，我们采用了下面这个基于语境需求的计算方法：

过去时使用准确率=正确使用过去时的动词数量/需要使用过去时的动词数量

例如，在下面这个句子中有两个地方需要使用一般过去时（did，is），而被试在一处正确使用了过去时（did）。

The most impressive thing I <u>did</u> in my summer vacation <u>is</u> to learn how to create a pop song on computer.（徐同学，A班）

A班徐同学在前测作文中有20处需要使用一般过去时，她在16处正确使用了过去时，这样过去时的准确率为0.80；在读后续写的任务中有15处需要使用过去时的地方，她在14处正确使用了过去时，过去时的准确率为0.93；在后测中，她纠正了前测中的一个时态错误（如下），因此过去时的准确率变为0.85（17/20）。

Every note and every stop <u>needed</u> accurately programming and arranging.

在前测中A班徐同学用的动词是need，在后测中被成功修改为needed.

对过去时使用情况的标注由本论文的两位作者分别独立完成，Pearson分析显示两位标注员对前测、读后续写和后测三次写作任务中过去时态使用准确率的相关性分别为0.947（$p = 0.000$）、0.662（$p = 0.000$）和0.969（$p = 0.000$），标注中出现的差异由两位评分员讨论达成一致意见。

本研究所采用的统计方法包括T检验和3*2

混合因子分析，被试间因子为语言，被试内因子为三次测试，同时为了控制语言水平可能的影响，本研究将学期初被试分班考试的成绩作为协变量做方差分析。相关统计均由SPSS 18.0完成。

3. 结果与讨论

为了比较读英续写组和读汉续写组的英语水平，我们对他们在学期初分班测试的英语成绩以及前测中过去时态使用准确率分别做了独立样本t检验，以检验他们是否存在显著差异，结果见表1。

表1　读英续写组与读汉续写组的对比

	人数	实验前平均分（标准差）	t检验（显著性）	前测中过去时准确率（标准差）	t检验（显著性）
读英续写组	40	69.6（9.48426）	−1.2642（0.95）	0.8372（0.12578）	−1.619（−0.109）
读汉续写组	53	69.73（9.47799）		0.8817（0.13774）	

结果显示，在学期初的分班考试中读英续写组与读汉续写组的平均分基本相同，分别为69.6和69.73分；而在前测中，两组过去时态的准确使用率分别为83.72%和88.17%，独立样本t检验显示两组学生在对过去时态的掌握上不存在显著差异。

3.1 读后续写对学生过去时态使用的影响及其延续效应

读英续写和读汉续写的两组学生在三次测试中过去时态使用的准确率见表2。

表2　读英续写组和读汉续写组过去时态的准确率

	人数	前测过去时准确率（标准差）	读后续写过去时准确率（标准差）	后测过去时准确率（标准差）
读英续写组	40	0.8372（0.12578）	0.9220（0.07677）	0.8688（0.11704）
读汉续写组	53	0.8817（0.13774）	0.8934（0.10351）	0.8953（0.13171）

如表2所示，读英续写组在完成命题作文时过去时使用的准确率为83.72%，一周后在读英续写时准确率提高到92.2%。最后，在相隔一周之后做的后测中，过去时态使用的准确率又下降至86.88%，但依然高于前测。另一方面，读

汉续写组在命题作文时过去时态使用的准确率为88.17%，在读汉续写的任务中，过去时态的准确率微升至89.34%，在后测时过去时的准确使用率又微升至89.53%。图1更直观地反映出了读英续写组和读汉续写组的组间差异。

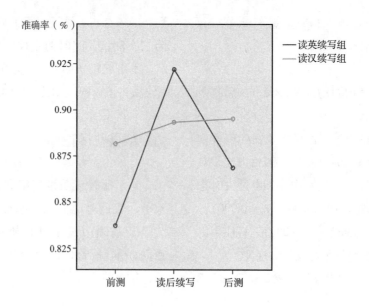

图1　读英续写组和读汉续写组过去时态准确率的变化

从图1可以看出前测时读英续写组的表现比读汉续写组差（过去时态的准确率低4.45%），在阅读了英文故事后续写时，过去时的准确率反而超出读汉语续写组2.86%，而到后测时，过去时的准确率比读汉语续写组低2.65%，但与前测相比差距缩小。

重复测量方差分析结果显示，球形检验结果显著（$p = 0.000$），因此本研究采用Greenhouse-Geisser的校正结果。两个自变量中，只有测试时间有主效应显著 [F (1.15, 103.29) = 3.722, $p = 0.05$]，被试分组（阅读语言）主效应不显著（$p = 0.506$）。在交互效应中，测试时间和阅读语言有显著的交互作用，[F (1.15, 103.29) = 5.56, $p = 0.016$]，测试时间与语言水平没有显著的交互效应（$p = 0.108$），协变量语言水平效应不明显（$p = 0.153$）。

鉴于测试时间和阅读语言存在显著交互作用，我们进一步作简单主效应分析。配对比较结果（Bonferroni校验）表明，总体看来，就每次测验而言，读英续写组和读汉续写组无显著差异（所有$p > 0.05$）；但就每个组在三次测试间

的效果差异而言，读英续写组在前测、读后续写以及后测中的表现相互具有显著差异（所有$p < 0.05$），其中读后续写时的过去时态准确率显著高于前测，说明读英续写可以帮助被试提高过去时使用的准确率；后测时准确率又显著低于中测，但依然显著高于前测。而读汉续写组过去时态的准确率与前测相比没有显著差别，后测与读汉续写时也没有显著差别（均为$p > 0.05$），但一定程度上比前测好（边缘性显著，$p = 0.062$）。

这一结果说明被试在三次测试中过去时态使用的变化与英语语言能力无关，起关键作用的因素是阅读语言，读英组和读汉组在前测时的表现不存在显著差异，在读后续写的任务中，读英组的过去时态使用的准确率显著提高，虽然与读汉续写组的准确率没有显著差异；而读汉组在续写中的过去时态使用准确率没有显著变化。研究结果证明了读后续写的积极作用。

为了进一步说明读英续写的作用，我们对比了读汉高水平班和读英普通班在前测和读后续写中的表现，结果见表3。

表3　读英续写普通班与读汉续写高水平班的对比

	人数	前测中过去时准确率（标准差）	T检验（显著性）	读后续写中过去时准确率（标准差）	T检验（显著性）
读英续写普通班	18	0.8122 (0.13344)	−2.3 (0.028)	0.9083 (0.09234)	0.221 (0.826)
读汉续写高水平班	25	0.8996 (0.10656)		0.9016 (0.10633)	

在前测的命题作文时，读英续写普通班过去时使用准确率明显低于读汉续写高水平班（81.22%：89.96%），且具有统计学上的显著意义（$p < 0.05$）。但在中测时，其准确率反而略微超读汉续写高水平班（90.83%：90.16%），虽然没有统计学上的显著意义（$p > 0.05$），但这一结果证明了读英续写的益处。

到后测时，如表2所示，读英续写组的准确率与读后续写时相比呈现显著下降；不过，与前测相比依然有明显提高，由83.72%提高到86.88%，增幅为3.77%，而且具有统计显著意义。与之对应的读汉续写组的准确率由前测的88.17%上升至89.53%，增幅为1.54%，统计上显示边缘性显著（$p = 0.062$）。由于后测是被试对自己前测作文的语法修正，这种准确率的提高很大程度上有可能是监测（monitor）的因素在起作用，但是读英续写组的提高幅度明显高于读汉续写组，我们认为，这里面存在的差距反映出读英续写的延时效果。

王敏、王初明（2014）以及 Wang & Wang（2015）的被试为英语专业二年级学生，英语水平较高，他们在完成读英续写和读汉续写两次任务时，过去时态使用的准确率存在显著差异：过去时态的错误数分别为每百字 0.388 个和 0.559 个。本研究的被试为一年级非英语专业学生，水平明显更低，读英续写组和读语续写组过去时使用的错误数分别高达每百字 0.914 个和 1.161 个，但我们的研究同样发现，被试在完成读英续写任务时，过去时态的准确率显著高于命题作文的前测。这证明无论是高水平的英语专业学生还是普通非英语专业学生，读英续写都能帮助他们提高过去时态使用的准确率，而事实上本研究普通班的学生在读英续写中的过去时态准确率提高的幅度更大，甚至超过了读汉续写高水平班。

与王敏、王初明（2014）以及 Wang & Wang（2015）的研究相比，我们的研究增加了一个后测，希望考察读英续写积极作用的持续性。结果显示，在读英续写完成一周之后的后测中，被试过去时使用的准确率又显著下降，说明缺乏英语输入的刺激，被试的表现更容易出现明显退步。

但与前测比，不管是高水平班、普通班还是全体被试，读英续写组在过去时态的准确率有显著提高，而且其提高幅度高于读汉续写组，这就说明读英续写的积极影响有一定的持续性。与此同时，不管英语水平如何，读汉续写组在后测时过去时的准确率也都显著高于前测，这说明监控策略在起作用，但读汉续写后测相对于前测的提高幅度低于读英续写组，这说明读英续写的积极影响有一定持续性。

与王敏、王初明（2014）的实验结果不同的是，不管被试英语水平如何，本研究中读英续写组的过去时使用准确率与读汉续写组相比没有显著差异。笔者认为，这一结果的差异很可能是由实验阅读材料引起的。他们的研究所使用的阅读材料更长，两篇英语阅读材料分别为 950 个词和 1,251 个词，一般过去时分别出现 133 次和 169 次，也就是说平均每 7 个词就出现一次一般过去时的动词；而本研究的英语阅读材料长度仅为 279 个词，过去时态出现 23 次，平均 12 个词出现一次过去时态。从中我们不难得出结论，他们研究这种高密集的刺激对被试的影响更强烈，所以读英续写中过去时态的使用情况也就显著优于读汉续写时的情况。

王敏、王初明（2014）、Wang & Wang（2015）和王初明（2015）把读后续写的效果解释为协同作用，王初明（2015：123）认为"协同效应实质是以读物为样板，拔高学习者语言使用能力的拉平效应源于学习者理解与产出之间的显著差距或不对称性"；也就是说，写作者因为缺乏相关词汇或语法结构知识，所以会努力向阅读材料中的语言靠近。我们认为也可以把这种影响理解为输入的作用，特别是在高频率的输入之后紧接着进行的输出活动又引发了近因效应（recency）。Bley-Vroman（2002）指出在输入中出现越多的语言现象就越可能被注意到。Ellis & Collins（2009）的综述中阐述了认知心理研究总结的决定激活记忆图式的三个关键因素：频率、近因和语境，而且语言加工也反映近因效应，如句法启动就源于学习者近期对某一结构的接触。这一理论很好地解释了为什么被试在阅读英文故事后续写的文章中过去时使用的准确率显著高于自己没有英文阅读输入时完成的文章（本研究）或者是自己阅读中文故事后续写的文章（王敏、王初明 2014；Wang & Wang 2015）。

3.2 读英续写任务中过去时态的错误与英文阅读文本中出现的过去时

为了解被试过去时态使用错误的具体情况，我们对读英续写高水平班的作文文本做了进一步分析。发现 22 个被试共出现了 38 个过去时态错误，其中不规则动词错误共 26 个，占时态错误总数的 68.42%，远多于规则动词错误。在 26 个不规则动词的错误中，13 个（50%）是 be 动词的错误，都没有把 is 变为 was，而这 13 个 be 动词过去时态错误中有 8 个出现在缩略形式里[1]，如：

1) But there <u>is</u> no reply, only silence filled this pure white world. （A班，任同学）

2) I knew it<u>'s</u> impossible for me to escape the room. （A班，谢同学）

3) "No more child abuse!" I said to myself everyday, but it<u>'s</u> just too late. （A班，谢同学）

4) …, thus I thought I had no choice but to close the door and just let her stay outside. That<u>'s</u> exactly what I did. （A班，陆同学）

剩余的不规则动词错误涉及动词 do、may、can、lead、think 等，例如：

5) From then on, I never punished her at all, and I <u>don't</u> need to. （A班，朱同学）

6) I did want her to be obedient enough to learn as much as possible and avoid all the mistakes I made in adolescence which <u>lead</u> to regrets later. （A班，李同学）

而学生所阅读的英文故事呈现的是一种截然相反的状态。故事中出现一般过去时态的动词 23 个，规则动词仅有 9 个，包括 tried、dragged、大部分（61%）为不规则动词，其中 was 出现了 7 次。这似乎显示阅读材料里的过去时并没有对被试产生有效影响，学生受到 7 次 was 的刺激，但在续写中依然出现不少的 be 动词时态错误。笔者认为英文读物很可能激活的是被试头脑中过去时态的概念，而具体的动词过去时态的形式并没有对被试产生很深的影响。

4. 结论

本研究证明读后续写确实能显著提高学习者过去时态使用的准确率，而与被试的英语水平没有关系。从前测到读英续写，被试过去时态使用的准确率有显著提高，而与之对应的读汉续写组的过去时态的正确率没有显著提高。后测时，读英续写组过去时态的准确率有显著下降；但后测与前测相比，不管是读英续写还是读汉续写，被试过去时态使用准确率都有显著提高，这主要还是因为后测是对前测的纠错，是监控策略在起作用。但考虑到后测与前测相比读英续写组与读汉续写组的差距缩小，且提高幅度更大，笔者认为这说明读英续写有一定的延时效果。

对英语读物和部分被试的文本分析显示，前者出现的过去时多数为不规则动词，特别是 be 动词，而被试文本中出现最多的错误就是 be 动词，这与二语习得中的频率因素背道而驰，笔者认为这说明阅读中接触到相当数量的过去时态的动词，激活了被试头脑中过去时的概念，他们在续写中并不需要不时回看原文，所以也没有关注到读物中 be 动词过去时的形式。

本研究存在一定的不足，主要表现在后测的实验方法不尽理想。由于后测时被试所做的是阅读前测的作文并纠正错误，这很大程度上反映的是被试的监控能力，无法十分准确地反映读后续写的延时效应。未来关于读后续写延续研究的研究在设计后测时应该由被试独立完成写作任务。

---

1 需要指出的是，另一种可能是 it's 是学生对 it was 的缩写，因此不一定是过去时态使用的错误。谢谢评审专家的意见。

参考文献

Atkinson, D., T. Nishino, E. Churchill & H. Okada. 2007. Alignment and interaction in a socio-cognitive approach to second language acquisition [J]. *The Modern Language Journal* 91 (2): 169-188.

Bley-Vroman, R. 2002. Frequency in production, comprehension and acquisition [J]. *Studies in Second Language Acquisition* 24 (2): 209-213.

Bock, J. K. 1986. Syntactic persistence in language production [J]. *Cognitive Psychology* 18: 355-387.

Ellis, N. & L. Collins. 2009. Input and second language acquisition: The roles of frequency, form, and function [J]. *The Modern Language Journal* 93: 329-335.

Levelt, W. J. M. & S. Kelter. 1982. Surface form and memory in question answering [J]. *Cognitive Psychology* 14: 78-106.

Pickering, M. J. & S. Garrod. 2004. Toward a mechanistic psychology of dialogue [J]. *Behavioral and Brain Sciences* 27 (2): 169-226.

Weiner, E. J. & W. Labov. 1983. Constraints on the agentless passive [J]. *Journal of Linguistics* 19: 29-58.

Wang, C. & M. Wang. 2015. Effect of alignment on L2 written production [J]. *Applied Linguistics* 36 (5): 503-526.

姜琳、陈锦，2015，读后续写对英语写作语言准确性、复杂性和流利性发展的影响 [J]，《现代外语》(3)：366-375。

王初明，2015，读后续写何以有效促学 [J]，《外语教学与研究》47 (5)：117-126。

王初明，2016，以续促学 [J]，《现代外语》39 (6)：784-793。

王敏、王初明，2014，读后续写的协同效应 [J]，《现代外语》37 (4)：501-512。

作者简介

纪小凌（1970—），上海交通大学外国语学院副教授。主要研究领域：二语写作、英语测试。电子邮箱：xlji@sjtu.edu.cn

周岸勤（1973—），上海交通大学外国语学院讲师。主要研究领域：二语写作。电子邮箱：zhouanqin@sjtu.edu.cn

外语学习

基于PETS语料库的中国英语学习者英语写作小句关系特点研究[1]

李　涛　欧阳护华

广东外语外贸大学

© 2017　中国外语教育（3），46—53 页

提　要：本研究依据小句关系理论，以全国英语等级考试（PETS）笔语语料库为研究文本，运用定量研究的方法分析了英语写作中小句关系的使用特点，旨在从新角度探讨中国英语学习者英语写作的语篇连贯特征。研究发现，学习者对小句关系和逻辑连接语使用存在着过多或过少甚至忽略现象，缺乏多样性，呈现出小句堆砌和连接语滥用的倾向。研究表明，PETS英语学习者在小句关系及逻辑连接语使用方面知识不足、能力不够，与英语习惯表达范式的要求存在一定差距。本研究为我国英语写作教学提供了一定的启示。

关键词：小句关系；连贯；英语写作；PETS英语学习者

1. 引言

篇章语言学的发展使研究者越来越关注英语写作中的衔接与连贯（如Ha 2016；Lei 2012；Zhao 2014；杨传鸣、曲丽丽 2014 等）。研究表明（Chen 2006；Lei 2012），即便没有明显的语法词汇错误，英语学习者的写作依然因连贯问题而让人难以理解。解决连贯问题需要综合考量语篇衔接及语义关系等多种因素。小句关系理论的提出（Halliday 1994；Hoey 1983；Winter 1974, 1977 等）对深入理解英语写作语篇的衔接与连贯特征具有重要的理论和实践意义。目前，国内小句关系理论研究较多（程晓堂 2005；胡壮麟 1994；杨玉晨 2011 等），但相关实证研究非常少（程晓堂、王琦 2004；杨玉晨、杨玉英 2009）。本文依据小句关系理论，以全国英语等级考试（以下简称PETS）学习者写作文本为语料，重点探讨中国英语学习者的小句关系使用特点，旨在更详细地呈现英语写作的衔接与连贯特征，为我国英语写作教学提供有价值的启示。

2. 文献综述

很多研究者（Halliday 1994；Hoey 1983, 1991；McCarthy & Carter 1994；Quirk 1954；Winter 1974, 1977, 1994；程晓堂 2005；胡壮麟 1994；黄国文 2001；彭宣维 2000；杨玉晨 2011 等）对小句关系进行了较为深入的研究，但目前小句关系的概念、分类及研究方法等仍然众说纷纭。在对Quirk（1954）提出的让步关系（concessive relation）理论的研究基础上，Winter（1977）从读者或听者角度将小句关系定义为"人们借助邻近小句或句群共同解释其意义的认知过程"（Winter 1977：5）。而Hoey（1983）则从写作者或说话者角度提出不同见解，认为小句关系是"人们借助邻近小句或句群选择一定的语法、词汇和语音形式来创造小句或句群的认知过程"（Hoey 1983：19）。尽管研究角度不同，但研究者们对小句关系本质的认识大致相同，即小句关系揭示语篇中句子之间的意义联系，直接关系到语篇意义的建构和理解，是作者与读者在语篇

1　本文受广东省高等教育"创新强校工程"项目"2014 年省级教学团队"（项目编号：101–GK131080）、北京市社会科学基金项目"基于语料库的英、汉、语名物化现象的认知对比研究"（项目编号：15WYB055）和 2013 年北京市优秀人才项目"基于语料库的英语动词名化构式的认知—功能研究"（项目编号：2013ZZB2013D00007）支持。

交互平台上的对话和对语篇的动态建构（杨玉晨 2011）。小句关系的构建是作者和读者借助一定的语法、词汇和语音形式构建意义联系达成共识的认知过程。

为构建语篇分析的小句关系体系，研究者对小句关系进行了分类研究。Winter（1977）将小句关系分为逻辑顺序关系（logical sequence relations）（如因果、工具—结果关系等）和对照关系（matching relations）（如比较、对比、假设真实关系等）。Hoey（1983，1991）从宏观层面将小句关系归纳为因果、对照、一般—例证和时间顺序关系，并提议用词汇统计的方法解释小句关系。在此基础上，McCarthy & Carter（1994）将小句关系归纳为问题—解决方法、假设—真实、一般—个别三种主要模式。Winter、Hoey 和 McCarthy 等主要从语篇认知角度探讨了小句关系的分类，分类越来越具体，在语篇分析中也越来越具有可操作性。而当前较流行的小句关系模式则是以 Halliday 为代表的功能语篇模式。Halliday（1994）从语篇功能的角度将小句关系分为相互关系（interdependency relation）和逻辑语义关系（logico-semantic relation），并将其细分构建了更为系统的小句关系体系。这种模式突破传统语法，将小句的语法与语义功能有机结合，具有较大的理论价值和实际应用价值，被广泛应用于语篇分析中（如黄国文 2001；彭宣维 2000）。但是，Halliday 的分类过于强调小句在语法层面和语篇层面上的关系，而对小句之间真正的逻辑—语义关系重视不够（程晓堂 2005）。这种模式在其分类标准、时空关系及高度概括等方面也存在值得商榷之处。国内许多学者从不同角度对 Halliday 的分类模式进行了强化和改进，但分类标准不一（如胡壮麟 1994；程晓堂 2005）。程晓堂和王琦（2004）的分类更为直观具体，较好地反映了小句关系的层次性及等级性，但其分类也存在重合之处。

总之，小句关系体现在语篇的不同层面，既具有语法形式特征又体现逻辑语义关系，是语法语义关系的统一体。在前人研究的基础上，我们将小句关系归结为七类：1）次序关系：主要包括时间先后顺序、空间层次关系以及包含与被包含的范围关系（如：Tom invited his friends to the party, and they all accepted with pleasure.）。2）一般—具体关系：指一般的、概括的或抽象的概念与具体描述论证的关系（如：Peter is always late. He won't be on time this evening.），这种关系常见于对某一中心主题的具体论述。3）匹配关系：包括比较和对比。这种关系常以 but、however、while 等连接语为标志。4）问题—解决关系：在这种关系中，前面的小句提出问题，后面的小句提出解决问题的方法。问题小句可以为陈述句或疑问句。5）因果关系：主要包括原因—结果关系（如：John got up late this morning. He didn't catch the bus.）、条件—结果关系（如：If a person is as busy as a bee, he will have no time to think a lot and feel having nothing to do.）和工具—成就关系（如：Take out a "fast-track" repayment scheme. This way you can greatly reduce the amount of interest you pay to the bank.）。6）假设—真实关系：在这种关系中，前面对某一观点或陈述提出假设，后面则对所提假设的观点进行验证。7）扩展关系：即对陈述观点进一步解释与论述，主要包括详述、扩充与加强（Halliday 1994）。详述指对小句信息的解释，但不加入新信息（如：My computer has some problems. It doesn't work.）；扩充指通过加入新信息或替换信息来扩展小句信息（如：He finally heard a voice, but the voice told him the death of his beloved son.）；加强指其他方式对小句进行修饰或限制（如：It's Christmas; now I will get some present.）。

与小句关系理论研究相比，相关实证研究较少。Ha（2016）对韩国大一英语学习者和美国学生的英语写作中逻辑连接语使用模式的对比研究表明，不同语义范畴在两个群体的写作中的分布几乎相同。程晓堂和王琦（2004）对 30 份英语专业大四学生英语作文中的小句关系分析发现，英语作文不连贯主要源于小句关系缺乏、逻辑连接语漏用或误用、话题游离和顺序倒置等。杨玉晨和杨玉英（2009）对 30 篇英语专业大一学生的英语作文中的小句关系分析发现，英语作文逻辑思维混乱的问题涉及词汇搭配、小句排列与联结、语义重复、概念短缺及内容筛选等。这些研究的中心由逻辑连接语转向小句关系，体现了研究者对学习者小句关系处理能力的关注，但研究对象多聚焦于在校大学生，对其他成人英语学习者的研究几乎没有。

综上所述，小句关系对英语写作连贯性的研究非常重要。要想全面了解英语学习者写作中的小句关系特点，有必要从理论基础、研究对象、研究方法等方面开展更多的实证研究。

3. 研究设计

3.1 研究问题

本研究主要涉及小句关系及逻辑连接语的使用，研究问题如下：

1) PETS 英语写作中的小句关系有什么特点？

2) PETS 英语写作中的逻辑连接语使用特征是什么？

3.2 研究语料

本研究从PETS四级笔语语料库（共500篇作文，80,235 词）中随机抽取50份写作文本作为语料。该语料库来源于某省PETS四级考试写作文本。作文要求考生在规定的时间（30分钟）内完成约150词以"Pop figures in TV advertisement"为题的英语论说文。根据PETS考试标准，其四级通过者具备攻读非英语专业硕士的英语水平，相当于大学英语六级水平，考生不限年龄、学历及职业，多来自非在校大学生的高水平成人英语自学者，代表着国内英语学习者的不同群体。本研究用于对比的本族语语料库来自潘璠和冯跃进（2004），该语料库约500万词，涵盖期刊论文、计算机英语、科普类等科技英语以及文学作品、通俗读物和报刊英语等人文类英语。

3.3 研究工具与方法

本研究主要采用定量分析的方法，对PETS英语学习者英语写作中的小句关系进行统计分析，借助Wordsmith 4.0对逻辑连接语进行检索分析，参照潘璠和冯跃进（2004）的研究结果，探讨PETS英语学习者英语写作中的小句关系及逻辑连接语的使用特点。

3.4 数据收集

本研究中小句关系分析依据上文归结的七类展开。逻辑连接语分析参照Celce-Murcia & Larsen-Freeman（1999）的分类，即：1）递进连词：如also、besides、moreover等；2）转折连词：如however、instead等；3）因果连词：如so、therefore、hence、accordingly等；4）顺序连词：如first/firstly、second/secondly、finally等。这一分类为小句关系中的连接语分析提供了较为清晰的框架。为确保研究的效度，研究者对文本进行了两次统计分析，时间间隔一个月。研究者首先将文本进行语义分段，将其分成若干意群，然后对小句关系逐一分析和标注，经过两次标注核对之后，研究者确定PETS英语写作中的小句关系的分类并进行频率统计。研究者借助Wordsmith 4.0并通过人工校对和筛选对小句关系中的逻辑连接语进行频率统计，然后将其与本族语者的使用频率进行对比分析。研究所选语料共588句，8,393词，类符数为910个，类/形符比为10.84。

4. 结果与讨论

4.1 小句关系特点分析

研究者首先对小句关系和逻辑连接语进行频率统计分析（详见表1）。

表1　小句关系与逻辑连接语使用频率统计结果

小句关系类型	小句关系频率	逻辑连接语频率	逻辑连接语/小句关系比率（%）
次序关系	53	43	81.1
一般—个别关系	64	6	9.4

（待续）

（续表）

小句关系类型		小句关系频率	逻辑连接语频率	逻辑连接语/小句关系比率（%）
匹配关系		160	91	56.9
问题—解决关系		39	0	0
因果关系	原因—结果	46	40	86.7
	条件—结果	49	47	
	工具—结果	10	4	
假设—真实关系		5	0	0
扩展关系	详述	25	2	53
	扩充	154	74	
	加强	68	55	
总计		673	362	53.3

如表 1 所示，PETS 英语学习者共使用小句关系 673 次。扩展关系频率最高，共 247 次，占小句关系总数的 36.7%。其中，扩充及加强的使用频率远远大于详述的使用频率，分别占扩展关系总数的 62.3%、27.5% 和 10.1%。假设—真实关系频率最低，仅出现 5 次，约占 0.8%。小句关系类型中，匹配关系 160 次，约占 24.4%；因果关系 105 次，约占 16%。因果关系中，原因—结果、条件—结果关系使用较多，分别占因果关系总数的 46% 和 44%。一般—个别关系 64 次，约占小句关系总数 9.7%；次序关系 53 次，约占 8%；问题—解决关系 39 次，约占 6%。另外，PETS 英语学习者共使用 22 个逻辑连接语 362 次，约占小句关系总数的 53.8%。其中，扩展关系使用比例最大（131 次，约占逻辑连接语使用总数的 36.2%），其次为因果关系（91 次，约占 25.1%）和匹配关系（91 次，约占 25.1%）。从使用比率看，逻辑连接语在因果关系中使用的频率最高（91 次，约占因果关系小句总数的 86.7%），其次为次序关系（43 次，约占次序关系小句总数的 81.1%），其他依次为匹配关系（91 次，约占匹配关系小句总数的 56.9%）和一般—个别关系（6 次，约占一般—个别关系小句总数的 9.4%），而在问题—解决和假设—真实关系中没有出现逻辑连接语。

研究表明，PETS 英语学习者在英语写作中能够有意识地使用不同小句关系和逻辑连接语以符合英语表达习惯，从而达到语言的连贯性和丰富性，但存在过多或过少使用的倾向。首先，PETS 英语学习者的小句关系使用体现一定的多样性和复杂性。与 Ha（2016）的研究结果相似，在 PETS 英语写作中，扩展关系使用最多，其次是匹配、因果、一般—个别、次序、问题—解决关系，而假设—真实关系几乎没有。这表明 PETS 英语学习者在英语写作中能够运用不同的小句关系表达思想。一方面，语篇的连贯主要由小句关系的有效构建而实现。例如，在问题—解决关系中，PETS 英语学习者倾向于运用问题—回答模式，这表明 PETS 英语学习者有时能够将其讨论直接切入正题，这正是英语语言思维模式的正确体现。另一方面，小句关系的多样性和复杂性与写作任务的复杂度密切相关。英语论说文要求写作者在信息传递基础上通过推理建立因果关系来论证观点，其复杂度更强（Brown et al. 1984）。而写作任务的复杂度对逻辑连接语、从属关系、复杂句式等的要求更高（Brown & Yule 1983）。因此，在论说文写作中，英语学习者需要尽可能将形式与语义有效结合处理小句关系，以充分表达思想。其次，部分小句关系的低频使用表明PETS英语学习者的小句关系使用与英语表达习惯尚存在差距。对英语语篇中普遍应用的问题—解决和一般—个别关系（Hoey 1983；Thompson 1994）的低频使用表明PETS英语学习者还没有适应英语表达习惯且难以驾驭。而假设—真实关系的使用贫乏可能与写作文体要求有关，这种关系在论说文中并不常见。另外，逻辑连接语的频率分析显示，在PETS写作中，超过一半的小句关系借助逻辑连接语来实现。这表明PETS英语学习者在英语写作中意识到英语语言的形合性及逻辑连接语的必要性，试图发挥连接语的应有作用实现英语语篇的逻辑性和连贯性。

综上所述，PETS英语学习者虽具备一定的小句关系意识，但在写作中有堆砌小句的倾向，导致其写作虽无明显语法错误但仍不连贯。这表明PETS英语学习者对英语习惯表达方式的应用并未做好准备。究其原因，一方面可能源于专业培训不到位。这些英语学习者虽具备一定的英语水平，但其语篇能力在教学中并未得到应有的重视，即便教师给予一定指导，也多集中于逻辑连接语形式上的使用，对小句关系理论认识和实践分析的缺失导致其小句关系意识弱、能力差。另一方面可能与英汉思维差异有关。英语学习者在写作中因对英语语篇的认识不够而过多地依赖汉语思维表达方式，导致其英汉思维混淆，难以形成地道的英语表达。

4.2 逻辑连接语使用特点分析

为更深入探讨逻辑连接语在小句关系处理中的使用特点，研究者就前20个英语本族语者的常用连接语（潘璠、冯跃进 2004）对PETS英语学习者和英语本族语者进行频率对比分析（详见表2）。

表2　PETS英语学习者与英语本族语者逻辑连接语使用频率对比（每10,000词）

逻辑连接语	PETS英语学习者	英语本族语者	比率
but	79.8	34.5	2.3:1
so	76.3	19.6	3.8:1
and	69.1	243.9	1:3.5
because	32.2	10.1	3.2:1
then	16.7	11	1.5:1
in fact	10.7	1.6	6.7:1
though	6.0	4.4	1.4:1
on the other hand	4.8	0.8	6:1
for example	2.4	3.9	1:1.6
thus	2.4	3.1	1:1.3
however	1.2	6.9	1:5.8
while	1.2	6.1	1:5.1
therefore	1.2	2.1	1:1.8
indeed	0	1.9	0
in addition	0	1.3	0
for instance	0	0.9	0
not only, but also	0	1.7	0
nevertheless	0	0.5	0
furthermore	0	0.3	0
in other words	0	0.4	0
总计	304	355	1:1.17

表2显示，在20个常用逻辑连接语中，PETS英语学习者仅使用13个（共304次），其中排名前十位的常用连接语分别为but（79.8）、so（76.3）、and（69.1）、because（32.2）、then（16.7）、in fact（10.7）、though（6.0）、on the other hand（4.8）、for example（2.4）、thus（2.4）。而本族语者使用and的频率最高（243.9）。同时，and、but、so均被列为两组学习者使用频率最高的连接语。逻辑连接语使用的组间（PETS英语学习者：英语本族语者）总比率为1:1.17。PETS英语学习者在使用某些连接语时，如in fact（6.7:1）、on the other hand（6:1）、so（3.8:1）、because（3.2:1）、but（2.3:1）、then（1.5:1）、though（1.4:1）等，频率高于本族语者；而在使用某些连接语时，如however（1:5.8）、while（1:5.1）、and（1:3.5）、therefore（1:1.8）、for example（1:1.6）、thus（1:1.3）等，频率则低于本族语者。另外，有些连接语，如first(ly)、second(ly)、instead等在本族语语料中几乎没有，而在PETS语料中则呈现较高的使用频率。相反，诸如indeed、in addition、not only...but also、nevertheless、furthermore等常用连接语在PETS语料中几乎没有。

研究表明，PETS英语学习者的逻辑连接语使用呈较为复杂的倾向。一方面，PETS英语学习者虽然意识到逻辑连接语在英语写作中必不可少，但是他们过度依赖于有限的逻辑连接语而缺乏多样性。这一观点与其他研究观点相同（如Chen 2006；Ha 2016；Lei 2012）。另一方面，PETS英语学习者存在逻辑连接语的过多或过少使用甚至忽略使用的倾向。这与潘璠和冯跃进（2004）的研究结果不一致，他们发现非英语专业研究生在写作中过少使用逻辑连接语而没有过多使用的倾向。这一差异可能与英语学习者水平和专业培训程度有关。某些连接语的过多或过少使用导致逻辑连接语滥用而缺乏多样性。总之，PETS英语学习者在处理小句关系时难以平衡连接语使用的多样性，有时虽达到形式上的衔接，但因少数连接语的固化使用而仍未适应地道的英语表达习惯。

这些倾向除受英汉文化思维差异影响之外，还与教师的语篇教学意识和方法有关。很多英语学习者误解逻辑连接语的作用而过多使用连接语（Hirvela 2004），却忽视了小句间的逻辑关系。而过多地使用连接语常常不能起到构架连贯文本的作用（梁茂成 2006）。在教学中，虽然教师鼓励学生注重连接语的使用，但是对连接语使用的语域和语境问题指导不够（Lei 2012），而将衔接手段脱离语篇进行教授对学生能否恰当使用连接语作用不大（Hirvela 2004）。尽管英语学习者的语篇衔接意识有所提高，但是这些教学方法和内容并没有帮助他们建构系统的小句关系知识，在写作中他们只能选择有限的连接语而难以顾及连接语的多样性和丰富性，从而导致过度使用甚至滥用现象丛生。

5. 结语

本研究依据小句关系理论通过分析PETS作文语料探讨了PETS英语学习者英语写作中的小句关系使用特点。研究发现，PETS英语学习者对小句关系认识不够，有小句堆砌、重语法而轻逻辑语义的倾向；PETS英语学习者在逻辑连接语使用方面与本族语者差异较大，虽表现出一定的逻辑连接语意识，但存在过多、过少及忽略使用的现象。研究表明，由于英汉文化与思维差异及语篇教学的重视程度不够，PETS英语学习者的小句关系及逻辑连接语知识不足、能力不够，与英语习惯表达范式要求尚存在差距。

小句关系是促进写作者与读者成功交流的语篇催化剂。从认知角度来看，只要写作者和读者在小句关系认识上实现共鸣，小句关系的作用就不言自喻。从语篇角度来看，英语写作的连贯主要取决于辅以形式衔接的小句间的语义逻辑关系。小句关系离不开逻辑连接语的使用，但形式的逻辑并非意味着语义的连贯。因此，教师和学习者必须审视如何通过小句关系达到写作的有效互动。教师要充分挖掘教材内容的篇章特点，注重小句关系的分析与应用，而不仅仅注重逻辑连接语的使用。英语学习者要结合小句关系特点合理选择逻辑连接语，力争达到形式与语义的最佳结合，实现写作交流目的。总之，语篇中的小句关系不仅反映了学习者对英语语篇的理解和掌握，而且是促成写作者与读者成功交流的语法基础。

本研究主要探讨了PETS英语学习者的中介语语篇特征，研究结果对我国英语写作教学具有一定理论和实践指导意义。本研究主要运用定量分析的方法探讨了PETS英语学习者的小句关系使用倾向特点，对小句关系使用的恰当性问题需要更多的定性分析。另外，由于研究样本数量较小，研究结果虽具一定的代表性但其普适性仍需进一步验证。未来研究可增加样本数量，结合定性分析，选择其他水平相当的国内外学习者语料库进行对比分析，以期获得更具普遍性的研究结果。

参考文献

Brown, G., A. Anderson, R. Shillcock & G. Yule. 1984. *Teaching Talk: Strategies for Production and Assessment* [M]. Cambridge: Cambridge University Press.

Brown, G. & G. Yule. 1983. *Teaching the Spoken Language* [M]. Cambridge: Cambridge University Press.

Celce-Murcia, M. & D. Larsen-Freeman. 1999. *The Grammar Book* [M]. Boston, MA: Heinle & Heinle.

Chen, C. W. 2006. The use of conjunctive adverbials in the academic papers of advanced Taiwanese EFL learners [J]. *International Journal of Corpus Linguistics* 11 (1): 113-130.

Ha, M. 2016. Linking adverbials in first-year Korean university EFL learners' writing: a corpus-informed analysis [J]. *Computer Assisted Language Learning* 29 (6): 1090-1101. •

Halliday, M. A. K. 1994. *An Introduction to Functional Grammar* [M]. London: Arnold.

Hirvela, A. 2004. *Connecting Reading and Writing in Second Language Writing Instruction* [M]. Ann Arbor: University of Michigan Press.

Hoey, M. 1983. *On the Surface of Discourse* [M]. London: George Allen &Unwin.

Hoey, M. 1991. *Patterns of Lexis in Text* [M]. Oxford: Oxford University Press.

Lei, L. 2012. Linking adverbials in academic writing on applied linguistics by Chinese doctoral students [J]. *Journal of English for Academic Purposes* 11 (3): 267-275.

McCarthy, M. & R. Carter. 1994. *Language as Discourse* [M]. London: Longman.

Quirk, R. 1954. *The Concessive Relation in Old English Poetry* [M]. New Haven: Yale University Press.

Thompson, S. 1994. Aspects of cohesion in monologue [J]. *Applied Linguistics* 15 (1): 58-75.

Winter, E. O. 1974. Replacement as a Function of Repetition: A Study of Some of its Principal Features in the Clause Relations of Contemporary English [D]. Ph.D. dissertation. London: University of London.

Winter, E. O. 1977. A clausal-relational approach to English texts: A study of some predicative lexical items in written discourse [J]. *Instructional Science* (6): 1-92.

Winter, E. O. 1994. Clause relations as information structure: Two basic text structures in English [A]. In M. Coulthard (ed.). *Advances in Written Text Analysis* [C]. London: Routledge. 46-68.

Zhao, C. 2014. Lexical cohesion of Sino-British college students' EAP writing [J]. *Theory and Practice in Language Studies* 4 (10): 2123-2128.

程晓堂，2005，论小句复合体中的小句关系 [J]，《外语学刊》(4)：60-65。

程晓堂、王琦，2004，从小句关系看学生英语作文的连贯性 [J]，《外语教学与研究》(4)：292-298。

胡壮麟，1994，《语篇的衔接与连贯：汉英对照》[M]。上海：上海外语教育出版社。

黄国文，2001，《语篇分析的理论与实践—广告语篇研究》[M]。上海：上海外语教育出版社。

梁茂成，2006，学习者书面语语篇连贯性的研究 [J]，《现代外语》(3)：284-292。

潘璠、冯跃进，2004，非英语专业研究生写作中连接词用法的语料库调查 [J]，《现代外语》(2)：157-162。

彭宣维，2000，《英汉语篇综合对比》[M]。上海：上海外语教育出版社。

杨传鸣、曲丽丽，2014，语法衔接与科技论文英语写作教学模式研究 [J]，《黑龙江高教研究》(5)：168-170。

杨玉晨，2011，小句关系的多元解释与研究方法的互补性 [J]，《外语学刊》(3)：32-35。

杨玉晨、杨玉英，2009，超越句子：探索中国学生英文写作中的小句关系 [J]，《西安外国语大学学报》(2)：92-96。

作者简介

李涛（1980—），广东外语外贸大学英语语言文化学院博士研究生。主要研究领域：应用语言学、外语教师发展。电子邮箱：jesselt@sohu.com

欧阳护华（1961—），广东外语外贸大学英语语言文化学院教授，博士生导师。主要研究领域：跨文化交际、应用语言学、对比修辞、教师发展。电子邮箱：en_ouyang@hotmail.com

外
语
学
习

学习策略培训：新模式及对学习者元认知的影响 [1]

高　黎　　何　赟　曾　洁

西南石油大学　长江大学　　西南石油大学

© 2017　中国外语教育（3），54—68 页

提　要：本文构建了 TCLTSP（Task-Contribution-Learner-Target-Strategy-Process）学习策略培训模式，并在英语、俄语专业新生中开展了以该模式为基础的外语学习策略培训，采用单因素重复方差分析和双因素混合设计方差分析法，探讨了培训对被试元认知的影响。结果显示，培训后，英语专业被试元认知显著提高，但三个月后不具持久性；俄语专业被试元认知显著提高，且三个月后具有持久性；被试元认知水平与专业的交互效应不显著。结果表明，对外语学习者进行学习策略培训是必要的和有效的，且为确保外语学习策略培训效果持久，可在外语学习初期开展培训，或于培训结束后反复练习强化效果。

关键词：学习策略培训；TCLTSP模式；元认知水平

1. 前言

20 世纪 90 年代，二语及外语学习策略培训的研究开始受到国外研究者的关注（Cohen 2000；O'Malley & Chamot 1990；Oxford 1990；Wenden 1991）。Cohen（2000）提出将学习策略培训列为外语学习课程的一部分，外显地讲授学习者该如何应用语言学习策略，对学习者经常采用的策略进行预设，培养他们有意识地控制语言学习过程，提高其语言使用能力和任务完成水平。在国内，《大学英语课程教学要求》（教育部高等教育司 2007）也将交际语言能力的描述框架从认知能力（语言知识）、功能能力（语言技能）两个维度，扩展为认知能力（语言知识）、功能能力（语言技能）、策略能力（学习策略）、社会能力（态度、行为、价值观等）四个维度，明确了培养学生自主学习能力和跨文化交际能力的目标（赵雯等 2014）。

策略培训是一个复杂和多维的过程，并非简单地向所有学习者教授同样的策略，而应该根据不同的教学环境，考虑各种学习者因素和社会文化因素，选择适合特定学习者的策略培训模式（沈翠萍 2012），以便将有关学习策略的研究发现转化为课堂实践。目前，西方有关策略培训模式的讨论非常丰富，Jones et al.（1987）提出了"策略教授模式（The Strategic Teaching Model）"（O'Malley & Chamot 1990）。O'Malley & Chamot（1990）设计了"CALLA 模式（The Cognitive Academic Language Learning Approach）"，法国南锡第二大学的语言教学研究室提出了 CRAPEL（Centre de Recherches et d'Applications Pedagogiques en Langues）模式（Oxford 1990），Leni Dam 设计了 Flower 模式（模式以花朵为型，花萼是"教师角色"，花心是"协商"，花瓣包括了"目标、活动、结果、评估、学生角色和学习材料"）（Oxford 1990），Oxford（1990）提出了八步骤策略培训模式，Cohen（2000）将 Oxford（1990）的策略培训模式提炼为 7 个步骤。这些模式均着重于讨论策略的

1 本文受西南石油大学校级科技基金（项目编号：2012XJR012）支持。

使用和价值，鼓励有意识有目的地运用策略，监督和评价策略的完成情况，不断在实践中调整和修订策略培训的内容。

然而，国内现有的外语策略培训模式——文秋芳（1996）的策略培训六步骤、吴本虎（2002）的策略培训六阶段、齐聪（2014）的策略培训八步骤，均是从微观角度呈现策略培训各阶段的详细步骤和相应活动。国内"英语学习策略研究领域缺乏系统的有关策略培训模式的研究成果"（齐聪 2014：28）。由此，本文试图构建一个以"知己知彼"为核心，以培养自适性策略体系为目标的外显学习策略培训新模式（TCLTSP Model），并在英语和俄语专业新生中开展以该模式为基础的外语学习策略培训，探讨培训对被试元认知的影响。

2. TCLTSP模式

高黎、陈唐艳、曾洁（2012）提出大学新生外语学习策略培训模式的雏形，以此为基础，研究人员在反复实践中锤炼出TCLTSP模式。TCLTSP模式构建的核心思想是：外语学习者只有充分了解自我和目标语言的特征与本质规律后，才能从众多的策略中选择适合自己的外语学习策略。该模式具有五个特点：1）学习策略使用与学习者因素紧密结合。Oxford（2001）提出从学习者因素的角度审视语言学习策略。TCLTSP模式强调在每一类策略讲授前，学生要先了解学习者因素，如自我的学习者偏好、记忆特征、学习目标、动机等。2）学习策略使用与目标语言特点紧密结合。Cohen & Weaver（2006）提出学习策略可以从技能领域归类，包括输入技能听力和阅读、输出技能口语和写作以及四个基本技能之外的其他技能，如词汇学习及应用。相应地，TCLTSP模式认为外语学习者对目标语言本身的模糊认知很大程度上影响了学习者的策略使用，故在策略讲授前，需要学习者清楚明了目标语言的特点，如学习者对听、说、读、写过程和词汇学习的本质规律的认知等。3）TCLTSP模式提出通过"体验任务"来学会策略使用。不同于只具有教学目的与只产生语言性结果的"课堂活动"，"任务"本身还包含了非教学目的，也会产生非语言性的结果，且更具有交际性、开放性和互动性，如"学习者聆听一段纯音乐，记录并分享各自头脑中音乐带来的画面，并反思为什么每个人想象的画面会不同。"4）TCLTSP模式特别强调对任务体验的反思。学习者"以身体之，以心验之"，在任务进行中思考如何正确而有效地执行任务（课堂讨论）；在任务完成后回忆体验过程并解释策略的使用情况和遇到的困难（反思日记）。尤其是，策略培训中将"反思策略"纳入教学内容，学习者既对"反思策略"本身进行反思，又在任务中体验如何使用"反思策略"。5）TCLTSP模式加强了教师之间的合作（主讲老师与辅导老师）、教师与学生之间的合作（辅导老师进入学习者小组，引导、监督小组活动，并提供帮助）。

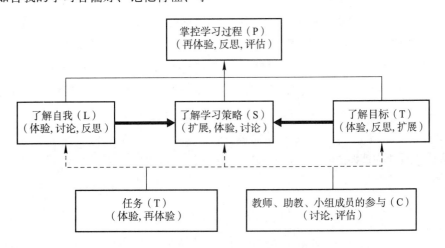

图1　学习策略培训TCLTSP模式

TCLTSP模式即为Task-Contribution-Learner-Target-Strategy-Process模式，含有六个操作阶段，六个组成模块；六个操作阶段并不依次实施，而是同六个组成模块结合，交替循环开展，共同构成一个完整的模式（见图1）。

"任务体验"（Tasks experiencing）和"教师、助教、小组成员的参与"（Contribution of teachers/tutors/group members）是TCLTSP模式的支撑部分。"任务体验"模块强调教师设置的不同任务，触及学习者的心灵，触发学习者进行观察和感悟，强化学习者对学习过程的认知，包含"体验"和"再体验"两个操作阶段。"教师、助教、小组成员的参与"模块指教师（或助教）向学生提供各种学习材料和任务，参与小组讨论，提供学习建议，利用学习者档案管理来帮助学生反思学习过程，评估学习者各阶段的培训效果；包含"讨论"和"评估"操作阶段。"了解学习者自我"（Learners' self-understanding）包含"体验"、"讨论"和"反思"三个操作阶段。"了解目标"（understanding of Target）包含"体验"、"反思"和"扩展"。"了解学习策略"（understanding learning Strategies）包含"扩展"、"体验"和"讨论"。"了解学习者自我""了解目标""了解学习策略"这三个模块是TCLTSP模式的核心模块。其中，"了解学习者自我"、"了解目标"是"了解学习策略"的前提与基础。学习者通过对语言各项技能和跨文化交际的认知来深入理解语言学习本质，通过对学习者各因素的认知来发现自我，认识自己与他人的不同，从而在外语学习中克服自己的短板，应对个体差异带来的学习困难。"掌控学习过程"（taking conscious control of learning Process）是TCLTSP模式的目标模块，包括"再体验"、"反思"和"评估"阶段，学习者在"知己知彼"的前提下，构建并应用符合自身特点的学习策略体系，从而实现对学习过程进行有效的调控。

3. TCLTSP模式策略培训与学习者元认知水平

研究人员在西南石油大学外语学院新生中开展了以TCLTSP模式为基础的"外语学习策略课程"，对学生进行了外语学习策略培训。参加课程的学习者共110人，其中英语专业新生68人，俄语专业新生42人。110名被试分别于课程前、课程结束后及课程结束3月后接受了同一份元认知问卷调查，所有被试的问卷全部收回且有效。问卷采用高黎等（2012）设计的英语专业元认知意识调查表（MAEMI，Cronbach's α = 0.889），包括7项元认知知识和17项元认知策略题目。

"外语学习策略课程"采用TCLTSP学习策略培训模式，共32课时；主讲老师带领5位研究生助教进行团队教学。通过对学生高考情况的了解调查，俄语专业的所有同学在高中接受的均为英语教育，因此课程的授课语言仍然为英语，但在授课中增加俄语和俄罗斯文化。

本研究的研究假设有：1）英语专业和俄语专业被试的元认知水平（包括元认知知识和元认知策略）在经过"外语学习策略课程"后均有显著提高，且在三个月后具有持久性。2）两个专业学生的元认知变化没有显著差异，即被试元认知与专业之间的交互效应不显著。

为了验证研究假设，研究人员使用SPSS13.0，采用了单因素重复测量方差分析和二因素重复测量方差分析。单因素重复测量方差分析用于分析培训前、培训后和培训三个月后学习者的元认知变化。二因素重复测量方差分析包含两个因素的重复测量设计，即被试内因素（元认知）和被试间因素（专业），用于分析学习者元认知水平与专业间的交互效应。

3.1 研究结果与讨论

3.1.1 被试元认知知识变化

1) 单因素重复测量方差分析结果

单因素重复测量方差分析分别用于考察英语专业被试和俄语专业被试的元认知知识变化。英语专业统计结果见表1至表5，俄语专业统计结果见表6至表10。表1至表5显示，英语专业被试的MK2最高，MK3次之，MK1最低（见表1）；Mauchly检验没有达到显著意义（见表2）；被试内效应检验结果表看Sphericity assumed栏，F值为6.943，显著水平为0.001，说明因素效应具有显著性，即不同水平的MK之间有显著性差异（见表3）；被试内对比检验结果显示MK1和MK2之间的显著性达到了0.000的显著水平，MK2和MK3之间未达到显著水平（$p = 0.114$）（见表4）；多重比较检验结果显示MK2均值高于MK1均值0.270，MK3均值高于MK1均值0.159，MK3均值低于MK2均值0.110，其中只有MK2-MK1的变化具有显著意义（见表5）。表1至表5的显示结果表明，英语专业被试课程刚结束后的元认知知识显著高于课程前的元认知知识，且变化具有显著意义；课程结束三个月后的元认知知识高于课程前元认知知识，但变化无显著意义；课程结束三个月后的元认知知识低于课程刚结束后的元认知知识，且变化无显著意义。由此可见，英语专业被试元认知知识在学习策略培训后有显著增加，但不具持久性。

表6至表10显示：俄语专业被试的MK2最高，MK3次之，MK1最低（见表6）；Mauchly检验没有达到显著意义（见表7）；被试内效应检验结果表看Sphericity assumed栏，F值为6.585，显著水平为0.002，说明因素效应具有显著性，即不同水平的MK之间有显著性差异（见表8）；被试内对比检验结果显示MK1和MK2之间的显著性达到了0.000的显著水平，MK2和MK3之间未达到显著水平（$p = 0.613$）（见表9）；多重比较检验结果显示MK2高于MK1 0.348，MK3高于MK1 0.288，MK3低于MK2 0.060，其中MK2-MK1与MK3-MK1的变化均具有显著意义（见表10）。表6至表10的结果表明，俄语专业被试课程刚结束后的元认知知识高于课程前的元认知知识，且变化具有显著意义；课程结束三个月后的元认知知识高于课程前元认知知识，且变化也具有显著意义；课程结束三个月后的元认知知识低于课程刚结束后的元认知知识，但变化无显著意义。可见，俄语专业被试元认知知识经学习策略培训后有显著增加，且变化具有持久性。

表1 英语专业元认知知识描述统计表

Within-Subjects Factors

mk	Dependent Variable
1	MK1
2	MK2
3	MK3

Descriptive Statistics

	Mean	Std.Deviation	N
MK1	3.3853	0.63849	68
MK2	3.6551	0.55668	68
MK3	3.5448	0.53252	68

表2 英语专业元认知知识Mauchly球形检验表

Within Subjects Effe	Mauchly's W	Approx. Chi-Square	df	Sig.	Epsilon[a]		
					Greenhouse-Geisser	Huynh-Feldt	Lower-bound
mk	0.986	0.901	2	0.637	0.987	1.000	0.500

表 3　英语专业元认知知识被试内效应检验表

Source		Type III Sum of Squares	df	Mean Square	F	Sig.
mk	Sphericity Assumed	2.502	2	1.251	6.943	0.001
	Greenhouse-Geisser	2.502	1.973	1.268	6.943	0.001
	Huynh-Feldt	2.502	2.000	1.251	6.943	0.001
	Lower-bound	2.502	1.000	2.502	6.943	0.010
Error (mk)	Sphericitiy Assumed	24.143	134	0.180		
	Greenhouse-Geisser	24.143	132.208	0.183		
	Huynh-Feldt	24.143	134.000	0.180		
	Lower-bound	24.143	67.000	0.360		

表 4　英语专业元认知知识被试内对比检验结果

Source	mk	Type III Sum of Squares	df	Mean Square	F	Sig.
mk	Level 1 vs. Level 2	4.949	1	4.949	13.670	0.000
	Level 2 vs. Level 3	0.828	1	0.828	2.562	0.114
Error(mk)	Level 1 vs. Level 2	24.256	67	0.362		
	Level 2 vs. Level 3	21.654	67	0.323		

表 5　英语专业元认知知识多重比较检验结果

(I)mk	(J)mk	Mean Difference (I-J)	Std.Error	Sig.[a]	95% Confidence Interval for Difference[a]	
					Lower Bound	Upper Bound
1	2	-0.270^{*}	0.073	0.001	-0.449	-0.091
	3	-0.159	0.076	0.121	-0.347	0.028
2	1	0.270^{*}	0.073	0.001	0.091	0.449
	3	0.110	0.069	0.343	-0.059	0.280
3	1	0.159	0.076	0.121	-0.028	0.347
	2	-0.110	0.069	0.343	-0.280	0.059

Based on estimated marginal means

*. The mean difference is significant at the 0.05 level.

a. Adjustment for multiple comparisons: Bonferroni.

表 6 俄语专业元认知知识描述统计表

Within-Subjects Factors	
mk	Dependent Variable
1	MK1
2	MK2
3	MK3

Descriptive Statistics			
	Mean	Std.Deviation	N
MK1	3.3061	0.62595	42
MK2	3.6537	0.47054	42
MK3	3.5940	0.62989	42

表 7 俄语专业元认知知识Mauchly球形检验表

Within Subjects Effe	Mauchly's W	Approx. Chi-Square	df	Sig.	Epsilon[a]		
					Greenhouse-Geisser	Huynh-Feldt	Lower-bound
mk	0.897	4.351	2	0.114	0.907	0.946	0.500

表 8 俄语专业元认知知识被试内效应检验表

Source		Type III Sum of Squares	df	Mean Square	F	Sig.
mk	Sphericity Assumed	2.901	2	1.450	6.585	0.002
	Greenhouse-Geisser	2.901	1.813	1.600	6.585	0.003
	Huynh-Feldt	2.901	1.892	1.533	6.585	0.003
	Lower-bound	2.901	1.000	2.901	6.585	0.014
Error(mk)	Sphericitiy Assumed	18.062	82	0.220		
	Greenhouse-Geisser	18.062	74.338	0.243		
	Huynh-Feldt	18.062	77.582	0.233		
	Lower-bound	18.062	41.000	0.441		

表 9 俄语专业元认知知识被试内对比检验结果

Source	mk	Type III Sum of Squares	df	Mean Square	F	Sig.
mk	Level 1 vs. Level 2	5.073	1	5.073	15.029	0.000
	Level 2 vs. Level 3	0.150	1	0.150	0.260	0.613
Error (mk)	Level 1 vs. Level 2	13.838	41	0.338		
	Level 2 vs. Level 3	23.614	41	0.576		

表 10　俄语专业元认知知识多重比较检验结果

(I)mk	(J)mk	Mean Difference (I-J)	Std.Error	Sig.	95% Confidence Interval for Difference	
					Lower Bound	Upper Bound
1	2	− 0.348	0.090	0.001	− 0.571	− 0.124
	3	− 0.288	0.099	0.017	− 0.534	− 0.042
2	1	0.348	0.090	0.001	0.124	0.571
	3	0.060	0.117	1.000	− 0.233	0.352
3	1	0.288	0.099	0.017	0.042	0.534
	2	− 0.060	0.117	1.000	− 0.352	0.233

2) 二因素重复测量方差分析结果

描述统计结果见表 11，从中可以看出英语专业被试和俄语专业被试的元认知知识在MK2（课程刚结束后）最高，此时英语专业被试元认知知识略高于俄语专业被试。值得注意的是，MK1（课程前）英语专业被试元认知知识高于俄语专业，但是MK3（课程结束三月后）英语专业被试元认知知识低于俄语专业。被试内效应检验结果见表 13。元认知知识数据满足了球形假设（$p = 0.576$，见表 12），所以查看Sphericity Assumed行

的结果，可以看出，元认知知识的主效应在统计上是显著的（$p = 0.000$），但是元认知知识和专业的交互效应的显著值为 0.574，说明它们之间的交互效应不显著，即元认知知识（课程前、课程后、课程结束 3 月后）的作用不随专业的不同而不同。被试间效应检验见表 14。从此方差分析表可见"专业"变量的主效应未达到显著意义（$p = 0.906$），这说明不同专业在元认知知识 3 个水平的平均值上未有显著差异。

表 11　元认知知识描述统计量

	Major	Mean	Std. Deviation	N
MK1	英语	3.3853	0.63849	68
	俄语	3.3061	0.62595	42
	Total	3.3551	0.63203	110
MK2	英语	3.6551	0.55668	68
	俄语	3.6537	0.47054	42
	Total	3.6546	0.52323	110
MK3	英语	3.5448	0.53252	68
	俄语	3.5940	0.62989	42
	Total	3.5636	0.56932	110

表 12　Mauchly球形检验表

Within Subjects Effe	Mauchly's W	Approx. Chi-Square	df	Sig.	Epsilon[a]		
					Greenhouse-Geisser	Huynh-Feldt	Lower-bound
mk	0.990	1.102	2	0.576	0.990	1.000	0.500

表 13　元认知知识被试内效应检验结果

Source		Type III Sum of Squares	df	Mean Square	F	Sig.
mk	Sphericity Assumed	5.280	2	2.640	13.510	0.000
	Greenhouse-Geisser	5.280	1.980	2.667	13.510	0.000
	Huynh-Feldt	5.280	2.000	2.640	13.510	0.000
	Lower-bound	5.280	1.000	5.280	13.510	0.000
mk*Major	Sphericity Assumed	0.217	2	0.109	0.556	0.574
	Greenhouse-Geisser	0.217	1.980	0.110	0.556	0.573
	Huynh-Feldt	0.217	2.000	0.109	0.556	0.574
	Lower-bound	0.217	1.000	0.217	0.556	0.458
Error(mk)	Sphericitiy Assumed	42.204	216	0.195		
	Greenhouse-Geisser	42.204	213.810	0.197		
	Huynh-Feldt	42.204	216.000	0.195		
	Lower-bound	42.204	108.000	0.391		

表 14　元认知知识被试间效应检验

Transformed Variable: Average

Source	Type III Sum of Squares	df	Mean Square	F	Sig.
Intercept	1289.111	1	1289.111	6301.509	0.000
Major	0.003	1	0.003	0.014	0.906
Error	22.094	108	0.205		

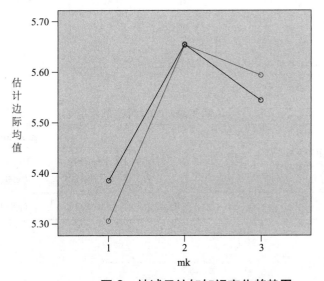

图 2　被试元认知知识变化趋势图

61

图 2 可以直观地反映出三次元认知知识测量的变化趋势。英语专业被试和俄语专业被试元认知知识变化趋势大致相同。课程前，俄语专业被试的元认知知识低于英语专业，但课程结束三个月后确高于英语专业，这说明俄语专业的培训效果优于英语专业。

3.1.2 被试元认知策略变化

1）单因素重复测量方差分析结果

英语专业元认知策略变化结果（表 15 至 19）为：英语专业被试的 MR2 最高，MR3 次之，MR1 最低（见表 15）；Mauchly 检验没有达到显著意义（见表 16），Sphericity assumed 栏，F 值为 4.029，显著水平为 0.020（见表 17）；MR1 和 MR2 之间的显著性为 0.006，MR2 和 MR3 之间的显著水平为 0.042（见表 18）；MR2 高于 MR1 值 0.151，MR3 高于 MR1 值 0.031，MR2 高于 MR3 值 0.120，其中仅 MR2-MR1 差异显著（见表 19）。结果表明课程刚结束后的元认知策略高于课程前的元认知策略，且变化具有显著意义；课程结束三个月后的元认知策略高于课程前元认知策略，但变化无显著意义；课程结束三个月后的元认知策略低于课程刚结束后的元认知策

略，且变化无显著意义。可见，英语专业元认知策略变化与元认知知识变化相同，在学习策略培训后有显著增加，但不具有持久性。俄语专业元认知策略变化结果（表 20 至 24）为：被试的 MR3 最高，MR2 次之，MR1 最低（表 20）；Mauchly 检验的显著水平小于 0.05（$p = 0.036$）（见表 21），Lower-bound 栏，F 值为 4.142，显著水平为 0.048（见表 22）；MR1 和 MR2 之间的显著性达到了 0.019 的显著水平，MR2 和 MR3 之间未达到显著水平（$p = 0.412$）（见表 23）；MR2 高于 MR1 值 0.185，MR3 高于 MR1 值 0.274，MR3 高于 MR2 值 0.088，其中仅 MR3-MR1 差异显著（见表 24）。结果表明俄语专业被试课程刚结束后的元认知策略高于课程前的元认知策略，但变化无显著意义；课程结束三个月后的元认知策高于课程前元认知策略，且变化具有显著意义；尤其是，课程结束三个月后的元认知策略依然高于课程刚结束后的元认知策略，虽然变化无显著意义。由此可见，俄语专业元认知策略变化在学习策略培训后有所增加，并在策略培训结束后依然持续增加，具有持久性。

表 15　英语专业元认知策略描述统计表

Within-Subjects Factors

mk	Dependent Variable
1	MR1
2	MR2
3	MR3

Descriptive Statistics

	Mean	Std.Deviation	N
MR1	3.4069	0.51435	68
MR2	3.5581	0.50435	68
MR3	3.4377	0.54833	68

表 16　英语专业元认知策略Mauchly球形检验表

Within Subjects Effe	Mauchly's W	Approx. Chi-Square	df	Sig.	Epsilon[a]		
					Greenhouse-Geisser	Huynh-Feldt	Lower-bound
mr	0.990	0.632	2	0.729	0.991	1.000	0.500

表 17　英语专业元认知策略被试内效应检验表

Source		Type III Sum of Squares	df	Mean Square	F	Sig.
mr	Sphericity Assumed	0.869	2	0.434	4.029	0.020
	Greenhouse-Geisser	0.869	1.981	0.438	4.029	0.020
	Huynh-Feldt	0.869	2.000	0.434	4.029	0.020
	Lower-bound	0.869	1.000	0.869	4.029	0.049
Error(mr)	Sphericitiy Assumed	14.444	134	0.108		
	Greenhouse-Geisser	14.444	132.735	0.109		
	Huynh-Feldt	14.444	134.000	0.108		
	Lower-bound	14.444	67.000	0.216		

表18　英语专业元认知策略被试内对比检验结果

Source	mr	Type III Sum of Squares	df	Mean Square	F	Sig.
mr	Level 1 vs. Level 2	1.556	1	1.556	7.979	0.006
	Level 2 vs. Level 3	0.986	1	0.986	4.294	0.42
Error(mr)	Level 1 vs. Level 2	13.062	67	0.195		
	Level 2 vs. Level 3	15.378	67	0.230		

表 19　英语专业元认知策略多重比较检验结果

(I)mr	(J)mr	Mean Difference (I-J)	Std.Error	Sig.[a]	95% Confidence Interval for Difference[a]	
					Lower Bound	Upper Bound
1	2	− 0.151	0.054	0.019	− 0.283	− 0.020
	3	− 0.031	0.057	1.000	− 0.171	0.110
2	1	0.151	0.054	0.019	0.020	0.283
	3	0.120	0.058	0.126	− 0.022	0.263
3	1	0.031	0.057	1.000	− 0.110	0.171
	2	− 0.120	0.058	0.126	− 0.263	0.022

表 20　俄语专业元认知策略描述统计表

Within-Subjects Factors

mk	Dependent Variable
1	MR1
2	MR2
3	MR3

Descriptive Statistics

	Mean	Std.Deviation	N
MR1	3.3375	0.48526	42
MR2	3.5228	0.45992	42
MR3	3.6111	0.56484	42

表 21　俄语专业元认知策略Mauchly球形检验表

Within Subjects Effe	Mauchly's W	Approx. Chi-Square	df	Sig.	Epsilon[a]		
					Greenhouse-Geisser	Huynh-Feldt	Lower-bound
mr	0.847	6.629	2	0.036	0.868	0.902	0.500

表22　俄语专业元认知策略被试内效应检验表

Source		Type III Sum of Squares	df	Mean Square	F	Sig.
mr	Sphericity Assumed	1.637	2	0.819	4.142	0.019
	Greenhouse-Geisser	1.637	1.735	0.944	4.142	0.025
	Huynh-Feldt	1.637	1.805	0.907	4.142	0.023
	Lower-bound	1.637	1.000	1.637	4.142	0.048
Error(mr)	Sphericitiy Assumed	16.209	82	0.198		
	Greenhouse-Geisser	16.209	71.136	0.228		
	Huynh-Feldt	16.209	74.003	0.219		
	Lower-bound	16.209	41.000	0.395		

表23　俄语专业元认知策略被试内对比检验结果

Source	mr	Type III Sum of Squares	df	Mean Square	F	Sig.
mr	Level 1 vs. Level 2	1.442	1	1.442	5.984	0.019
	Level 2 vs. Level 3	0.328	1	0.328	0.688	0.412
Error(mr)	Level 1 vs. Level 2	9.877	41	0.241		
	Level 2 vs. Level 3	19.518	41	0.476		

表24　俄语专业元认知策略多重比较检验结果

(I)mr	(J)mr	Mean Difference (I-J)	Std.Error	Sig.[a]	95% Confidence Interval for Difference[a]	
					Lower Bound	Upper Bound
1	2	− 0.185	0.076	0.056	− 0.374	0.004
	3	− 0.274[*]	0.106	0.040	− 0.537	− 0.010
2	1	0.185	0.076	0.056	− 0.004	0.374
	3	− 0.088	0.106	1.000	− 0.354	0.177
3	1	0.274[*]	0.106	0.040	− 0.010	0.537
	2	0.088	0.106	1.000	− 0.177	0.354

2）二因素重复测量方差分析结果

元认知策略描述统计结果见表25，从中可以看出英语专业被试元认知策略平均值在MR2（课程刚结束后）最高，这时英语专业被试元认知策略平均值仍然略高于俄语专业被试。但是俄语专业被试元认知策略平均值则在MR3（课程结束三月后）最高，且高于英语专业被试。MR1（课程前）英语专业被试元认知策略平均值高于俄语专业，但是MR3（课程结束三月后）英语专业被试元认知策略平均值低于俄语专业。元认知策略的主效应在统计上是显著的（见表27，$p = 0.013$），而元认知策略与专业之间的交互效应不显著（见表27，$p = 0.078$）。元认知策略被试间效应检验显示"专业"的主效应未达到显著意义（表28，$p = 0.779$），说明不同专业在元认知策略3个水平的平均值上差异不显著。图3显示英语专业被试和俄语专业被试元认知策略变化趋势有所不同，俄语专业被试在MR1和MR2阶段，无认知策略估测边际均值低于英语专业，在MR1至MR2阶段两个专业均为增长趋势。但俄语专业被试在MR3时估测边际均值高于英语专业，在MR2至MR3阶段，英语专业为回落趋势，而俄语专业继续增长，这说明俄语专业的培训效果优于英语专业。

表 25　元认知策略描述统计量

	Major	Mean	Std.Deviation	N
MR1	英语	3.4069	0.51435	68
	俄语	3.3375	0.48526	42
	Total	3.3804	0.50233	110
MR2	英语	3.5581	0.50435	68
	俄语	3.5228	0.45992	42
	Total	3.5446	0.48602	110
MR3	英语	3.4377	0.54833	68
	俄语	3.6111	0.56484	42
	Total	3.5039	0.55855	110

表 26　元认知策略Mauchly球形检验表

Within Subjects Effe	Mauchly's W	Approx. Chi-Square	df	Sig.	Epsilon[a]		
					Greenhouse-Geisser	Huynh-Feldt	Lower-bound
mr	0.936	7.025	2	0.030	0.940	0.965	0.500

表 27　元认知策略被试内效应检验结果

Source		Type III Sum of Squares	df	Mean Square	F	Sig.
mr	Sphericity Assumed	1.791	2	0.896	6.310	0.002
	Greenhouse-Geisser	1.791	1.880	0.952	6.310	0.003
	Huynh-Feldt	1.791	1.930	0.928	6.310	0.002
	Lower-bound	1.791	1.000	1.791	6.310	0.013
mr*Major	Sphericity Assumed	0.897	2	0.448	3.160	0.044
	Greenhouse-Geisser	0.897	1.880	0.477	3.160	0.048
	Huynh-Feldt	0.897	1.930	0.465	3.160	0.046
	Lower-bound	0.897	1.000	0.897	3.160	0.078
Error(mr)	Sphericitiy Assumed	30.653	216	0.142		
	Greenhouse-Geisser	30.653	203.094	0.151		
	Huynh-Feldt	30.653	208.485	0.147		
	Lower-bound	30.653	108.000	0.284		

表28　元认知策略被试间效应检验

Transformed Variable: Average

Source	Type III Sum of Squares	df	Mean Square	F	Sig.
Intercept	1257.020	1	1257.020	7316.267	0.000
Major	0.014	1	0.014	0.079	0.779
Error	18.556	108	0.172		

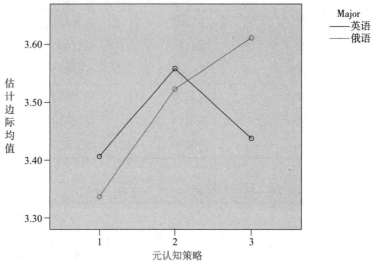

图3　被试元认知策略变化趋势图

3.2 研究结论

第一个假设"英语专业和俄语专业被试的元认知水平（包括元认知知识和元认知策略）在经过'外语学习策略课程'后均有显著提高，且在三个月后具有持久性"的研究结论是：英语专业被试的元认知知识、元认知策略在经过"外语学习策略课程"后都有显著提高，但在三个月后都不具有持久性。俄语专业被试的元认知知识、元认知策略在经过"外语学习策略课程"后都有显著提高，且在三个月后都具有持久性。这与高黎等（2012）的研究结果不完全一致，高黎等（2012）提出了大学新生外语学习策略培训模式的雏形，探讨了学习策略培训对108名英语专业新生的元认知影响，得出结论，被试元认知知识和元认知策略使用在经过了一年的元学习能力培训后均有显著提高，且半年后此变化具有持久性。本研究中，学习策略培训的模型更加完善，但培训的时间减半，其中英语专业的元认知水平虽显著提高，却在三个月后不具有持久性。

第二个假设"两个专业学生的元认知变化没有显著差异，即被试元认知与专业之间的交互效应不显著"的研究结论是：被试元认知知识、元认知策略与专业的交互效应皆不显著，"专业"的主效应皆未达到显著意义。这说明外语学习策略培训不受专业的影响，对两个专业的学习者均有效，但有效程度还是有所差异。

从研究结果和讨论可以看出，俄语专业被试的元认知知识、元认知策略在课程前都是远低于英语专业被试；但在课程刚结束后都仅略低于英语专业；值得注意的是，在课程结束三个月后（延测），两个专业被试元认知知识都有回落趋势，但俄语专业被试元认知知识已高于英语专业；而元认知策略上，俄语专业被试延测时仍保持增高趋势，英语专业学生则呈现回落趋势，且延测时俄语专业被试的元认知策略高于英语专业。

由于两个专业被试的元认知知识、元认知策略在经过"外语学习策略课程"后都有显著提高，可见以TCLTSP模式为基础的学习策略培训对两个专业学习者元认知水平的提高均有效，表明学习策略培训具有可教性和有效性，这与齐聪（2014）的"基于策略解释及策略推荐式的英语学习策略培训切实可行"的结论一致。数据结果同时显示：延测时，俄语专业被试元认知的提高显示出一定的持久性，英语专业被试元认知的提高则未现持久性。对于这样与假设不完全一致的结果，研究者的解释是：俄语专业的学习者在大学学习的是一门新学习的语言，英语专业学生在大学学习的是已经学习了至少六年的语言，由于语言学习者学习过程中建构起的认知和学习策略具有一定的稳定性，所以英语专业被试虽然经过策略培训后元认知水平有显著提高，但在之后的学习中原来的固有认知和学习策略仍然有很强的影响力，故而在策略培训干预结束后产生回落趋势；而俄语专业新生学习的是一门新语言，策略培训后元认知水平不仅有显著提高，培训干预结束后，影响力也持久保持。这说明：1) 学习策略培训对学习者具有很强的指导性；2) 学习者的元认知也具有很强的可塑性；3) 越早对语言学习者进行策略培训的干预，其元认知水平持续并保持提高的可能性就越大，策略培训的效果也就越好。我们进一步推论：对语言学习者特别是英语学习者的系统策略培训可以不局限在大学阶段；将其推进到中学或者更早阶段可能取得更好的效果。同时，对于"英语专业学习者元认知显著提高却无持久性"的结论，研究者认为需要专业课教师在后续的其他课程中嵌入式强化学习策略培训内容，延长培训的干预效果，通过更长期的不断强化，逐步纠正学习者的错误知识和策略，弥补学习者的不足，从而保持新生入校学习策略培训的效果。

4. 结束语

本文将完善的TCLTSP模式应用于学习策略培训，对外语学院的英语和俄语专业新生开设了"外语学习策略课程"，并考察了课程培训对被试元认知水平的影响。研究者认为对外语学院的所有专业学生进行学习策略培训都是必要和有效的，而为了保持长久的效果，还需要各位专业老师在培训后的正面强化，这就需要所有专业课老师熟悉和掌握学习策略培训。在今后的策略课程中，可以尝试将外显的学习策略培训与微课平台结合，辅以嵌入式的学习策略训练，并从学习者观念、动机、自我效能等其他方面考察TCLTSP模式策略培训的效果。

参考文献

Cohen, A. D. 2000. *Strategies in Learning and Using a Second Language* [M]. Beijing: Foreign Language Teaching and Research Press.

Cohen, A. D. & S. J. Weaver. 2006. *Styles-and Strategies-based Instruction: A Teachers' Guide* [M]. Beijing: Foreign Language Teaching and Research Press.

O'Malley, J. M. & A. U. Chamot. 1990. *Learning Strategies in Second Language Acquisition* [M]. Cambridge: Cambridge University Press.

Oxford, R. L. 1990. *Language Learning Strategies: What Every Teacher Should Know* [M]. Boston: Heinle & Heinle.

Oxford, R. L. 2001. Language learning styles and strategies [A]. In M. Celce-Murcia (ed.). *Teaching English as a Second or Foreign Language* [C]. (3rd Edition.). Boston: Heinle & Heinle/ Thompson International. 359-366.

Wenden, A. 1991. *Learner Strategies for Learner Autonomy* [M]. London: Prentice Hall.

高黎、陈唐艳、曾洁，2012，学习策略培训对学习者元认知水平影响的历时研究[J]，《外语界》（1）：35-43。

齐聪，2014，大学英语不善学者学习策略培训的实证研究 [D]。博士学位论文。长春：东北师范大学。

沈翠萍，2012，国内外二语学习策略培训研究述评[J]，《外语界》（6）：10-17。

文秋芳，1996，《英语学习策略论》[M]。上海：上海外语教育出版社。

吴本虎，2002，《英语学习策略》[M]。安徽：安徽教育出版社。

赵雯等，2014，大学英语"语言能力"框架的建构

[J]，《外语与外语教学》（1）：15-21。

中国新闻网，2007，教育部公布《大学英语课程教学要求》[OL]，http://www.Chinanews.com/edu/kong/news/2007/09-26/1036802.shtml（2015 年 10 月 05 日读取）。

作者简介

高黎（1982—），西南石油大学外国语学院讲师。主要研究领域：二语习得、语料库语言学。电子邮箱：gaoligaoren@163.com

何赟（1982—），长江大学外国语学院讲师。主要研究领域：二语习得。电子邮箱：953196554@qq.com

曾洁（1963—），西南石油大学外国语学院教授。主要研究领域：二语习得、心理语言学。电子邮箱：swpupearl@126.com

高校英语专业学生语音自主学习模式新探
——基于WL构架的语音中心实证研究[1]

欧　琛

同济大学／浙江大学宁波理工学院

© 2017　中国外语教育 （3），69–76 页

提　要：本研究以英语专业大学生为研究对象，旨在探讨基于Writing Lab构架的语音中心模式的施行是否有利于促进英语专业学生的英语语音自主学习能力的发展，是否有利于促进英语专业学生英语语音水平的提升。实验表明，施行了语音中心模式的实验组学生和未施行该模式的控制组学生的英语语音水平和语音自主学习能力在实验前大致相当，但在实验后产生了显著性差异。语音中心模式的施行使得英语专业大学生的英语语音水平和语音自主学习能力均得到了提升。

关键词：英语专业；英语语音；自主学习；语音中心

1. 引言

教育部 2000 年出台的《高等学校英语专业英语教学大纲》（以下简称《大纲》）指出 21 世纪的外语人才应该具有"扎实的基本功，宽广的知识面，一定的相关专业知识，较强的能力和较高的素质"。叶兴国、宋彩萍（2014：13）在探讨英语类专业教学质量国家标准时也指出"拥有扎实的英语基本功"是英语专业人才培养目标的基本组成要素之一。这里所谈及的基本功之一就是语音、语调的正确。然而，不少英语专业的学生在毕业时仍然不能达到《大纲》所要求的"发音正确、语调自然、语流顺畅"。其中一个重要的原因就是这些学生在入学前存在一定的语音问题，而入学后又缺乏有效的语音提升途径。本文基于自主学习理念，在借鉴国外写作中心（Writing Lab，简称WL）运行模式的基础上，通过构建语音中心来推动英语专业大学生英语语音的自主学习，并对这一语音自主学习模式的有效性进行实证研究。

2. 研究背景

2.1 英语专业学生英语语音面貌及习得现状

Gimson（1980）认为，一个人要学会说任何一种语言，必须学会其几乎 100% 的语音。语音是语言学习的起点与基石。良好的语音有助于学生听说能力的提高（朱放成 2005）。有研究表明，英语语音的有效习得有利于培养学生对英语学习的积极性和自信心，增强学习动力，进而提高学生整体英语的应用能力（Levis & Grant 2004）。

然而，根据笔者对国内一所高校英语专业四个年级学生的问卷调查所得，一些学生的英语语音在入高校前就存在诸多问题，而经过一至四年的英语专业学习后，其语音水平较入学初未有明显提升，语音问题依然存在。

造成这一现象的原因之一是这些学生在课内

---

　　1 本文为浙江省哲学社会科学规划重点课题（项目编号：17NDJC033Z）、教育部人文社会科学研究青年基金项目"基于实验语言学的吴方言区高校EFL学习者英语语言习得研究"（项目编号：17YJC740072）教育部人文社会科学研究青年基金项目"基于WL构架的高校英语专业学生语音习得模式实证研究"（项目编号：14YJC740069）、浙江省社科联研究课题（项目编号：2011B078）及宁波市教育科学规划研究课题（项目编号：2016YGH030）阶段性研究成果，得到中国国家留学基金资助。本文得到浙江省外文学会常务副会长、浙江大学博士生导师庞继贤教授的悉心指导，谨致谢意！感谢匿名评审专家提出的宝贵建议。

外学习英语语音的时间有限。在《大纲》建议的教学计划中，英语语音课堂教学为每周两个学时，为期一个学期。对于存在语音问题的学生而言，仅仅依靠有限的课堂教学时间来实现语音习得是不够的（彭宁红 2014），还需投入更多的时间进行自主学习。然而，据上述问卷调查所得，学生普遍反映自己的语音自主学习能力弱，自主学习方法低效，用于自主学习的时间也很少。

2.2 自主学习理念与写作中心模式

自 20 世纪 70 年代起，国外对自主学习进行了探究。Holec（1981）最先向外语教学领域引介自主学习理论。随后，众多学者以不同的视角就自主学习各抒己见，但他们普遍把学习者对学习方法、策略、学习内容、学习材料、学习进程等所做的自主选择、自主调控、交互协商及教师和同伴对学习者提供的咨询、建议、评估视为自主学习的核心和实质（邓鹂鸣 2004）。

除了对自主学习进行定义外，国外学者还从影响自主学习的因素以及如何促进自主学习等方面进行了探讨。Gardner & Miller（1999）主张通过建立自主学习中心来培养学习者的独立学习能力。近年来，国内外建立了许多自主学习中心来促进和提高学生的独立学习能力（华维芬 2003；裴晨晖 2016）。英语写作中心就是其中的一种形式。英语写作中心由英文写作工作坊（writing workshops）、写作辅导（face-to-face tutoring）、写作资源库（online resources）和写作小组（writing groups）等构成（欧琛 2016）。实践表明，英语写作中心的建立能够充分调动学生学习写作的自主性（顾纪鑫、丁煜 2002）。

3. 语音中心的构建内容

本研究借鉴写作中心模式，构建了适用于英语语音自主学习的语音中心（见图1）。

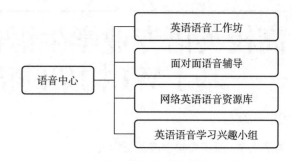

图 1　语音中心的构成

这种语音中心的设立很好地契合了自主学习的核心和实质。

第一，学生为主体。在语音中心模式中，学生可以根据自己的实际情况自主确立学习目标，制定学习计划，并选择一种或多种途径练习语音。学生可以选择合适的时间，通过参与语音工作坊、面对面语音辅导和语音学习兴趣小组获得自己所需的指导和帮助，并对自己的语音学习进行反思。学生可以依据自己的语音水平，通过网络资源库，按需选择学习材料，并适时调整学习进度。

第二，教师作辅助。Benson & Voller（1997）指出，自主学习绝不是没有教师参与的学习。庞继贤等（2004：24）指出，学生在自主学习时"更希望教师是他们的帮助者、促进者、指导者、咨询者、协调者、参与者和交流者"。在语音中心模式中，教师的辅助作用在各个组成元素中得到了体现。教师通过语音辅导和语音工作坊与学生交流、为学生答疑解惑，帮助学生锁定学习目标、选择学习内容、改进学习策略；通过网络语音资源库为学生提供丰富的学习资源；通过语音学习兴趣小组指导学生开展多种学习活动。

第三，多媒体和网络的应用。Warschauer et al.（1996）认为电脑网络学习模式有助于培养学习者自主性、提升学习动机和提高学习效率。在语音中心模式中，网络英语资源库是不可或缺的重要元素。学生可以在网络资源库中自主选取语音学习课件、音频及视频材料进行个性化学习。

第四，协作式学习。自主学习并不意味着学习者完全脱离同伴而孤立地开展学习活动（Pemberton *et al.* 1996），同伴互动能促进学习者语言发展（徐锦芬 2015）。学习者通过向小组成员展示自主学习过程中的疑惑并进行研讨，就可促进对自己的学习过程和成果的反思，并进行更高层次的自主学习（张肖莹 2006）。在语音中心模式中，语音学习兴趣小组的设立使得学生可以借助这一平台，通过协作式学习促进语音自主学习。

4. 实证研究

4.1 研究问题

基于 WL 构架的语音中心的建立在理论上契合了自主学习的核心和实质。那么该模式的施行能否真正有效地促进学生语音自主学习，提升学生的语音水平呢？研究者进行了实证调查研究，具体考察以下三个问题：

1) 语音中心模式的施行是否有利于促进英语专业学生英语语音自主学习能力的发展？

2) 英语专业学生对语音中心模式的施行有何看法？

3) 语音中心模式的施行能否促进英语专业学生英语语音水平的提升？

4.2 研究对象

本次研究对象是国内一所高校 2015 级英语专业本科新生，共 6 个平行班 166 名学生。笔者以班级为单位，随机将其中 3 个班级列为实验组（施行语音中心模式），将剩余 3 个班级列为控制组（不施行语音中心模式）。实验组共有学生 80 人，其中男生 8 人（10%），女生 72 人（90%）。控制组共有学生 86 人，其中男生 12 人（14%），女生 74 人（86%）。

4.3 研究工具

4.3.1 问卷调查

徐锦芬（2013）认为在检查学生自主学习水平时应该采用双重测量方法（a double measurement），即学生的自主学习信念和实际的自主学习行为。本研究在借鉴徐锦芬等（2004）的"大学生自主性英语学习情况调查"以及徐锦芬（2013）的"大学生英语自主学习能力调查问卷"的基础上，编制了"英语专业学生英语语音自主学习能力调查问卷"。该问卷调查包括"英语专业学生英语语音自主学习信念调查"和"英语专业学生英语语音自主学习行为调查"两大部分。这两部分内容均包括教学目的的了解（3 个题项）、学习目标的制订与规划（6 个题项）、学习方法的使用（11 个题项）和学习过程的监控与评估（7 个题项）这四个维度。问卷选项采用李克特（Likert）五级量表的形式进行分级，其中信念调查区分了从"完全同意"（5 分）到"完全不同意"（1 分）；行为调查区分了从"总是"（5 分）到"从不"（1 分）。经信度检验，语音自主学习信念调查量表和语音自主学习行为调查量表的 Cronbach's α 信度系数分别为 0.892 和 0.963，包括这两个量表在内的整个语音自主学习能力调查量表的 Cronbach's α 信度系数为 0.962，这说明整个语音自主学习能力调查量表和两个分量表的内在一致性较好，具有较高的信度。

此外，本研究还编制了"英语专业学生对语音中心模式施行的看法"。该问卷包含 12 个题项，采用李克特五分量表，区分了从"完全同意"（5 分）到"完全不同意"（1 分）。其 Cronbach's α 信度系数为 0.919，说明该量表的内在一致性较好，具有较高的信度。

4.3.2 测试

本研究在实验起止时分别对实验组和控制组的学生进行了英语语音水平测试。测试采用当堂录音的方式，其内容均为一篇故事短文。之后，笔者邀请了 1 位中国籍英语教师和 2 位美国籍英语教师对学生的录音音频进行评分。评分采用精确评分与模糊评分相结合的方法（于珏 2015），按照精确评分占 60%，模糊评分占 40%，计算每位学生的实际英语语音测试成绩（满分为 100 分）。精确评分主要从音段层面和超音段层面入手按考察点打分。其中音段层面的评测主要考察学生的元辅音发音情况，其分值占精确评分的50%；而超音段层面的评测主要考察重音、节奏感、语调，其分值占精确评分的50%。模糊评分是指对受测学生发音的一个总体印象分（如：清晰度、流畅性以及可懂度等）。学生最终的英语语音测试成绩为三位评判老师评分结果的平均值。

4.4 语音中心模式实验过程

本次实验历时一个学期，控制组按班采用每周1个学时的常规课堂授课模式，授课结束后布置课后作业，要求学生自行完成。实验组按班采用"课堂授课+语音中心"的教学模式，除了要求学生完成与控制组一样的课后作业，还要求他们利用前文所述的语音中心的设置开展语音课后自主学习。为了消除由于老师教学水平不同可能造成的实验结果的差异，实验组和控制组的英语语音授课均由同一位老师承担。

4.5 数据收集与分析

笔者在实验起止之时分别对实验组和控制组学生按班进行了英语语音水平测试和英语语音自主学习能力问卷调查。"英语专业学生英语语音自主学习能力调查问卷"均在语音课上发放后集体完成并回收。学期结束时，笔者还对实验组学生进行了"英语专业学生对语音中心模式施行的看法"的问卷调查。

笔者运用SPSS16.0对所得数据进行统计分析。通过独立样本t检验比较分析实验组和控制组学生的英语语音自主学习能力在实验前后是否存在显著差异；通过配对样本t检验了解实验组和控制组学生各自的英语语音自主学习能力在实验前后是否存在差异。同时，对实验组和控制组学生在实验起止时所测得的英语语音水平测试成绩进行独立样本t检验，以确定两组学生在英语语音测试成绩上的差异（徐锦芬、唐芬、刘泽华2010）。

5. 结果与讨论

5.1 语音中心模式对英语专业学生英语语音自主学习能力的影响

实验结果表明：实验前，实验组和控制组学生的英语语音自主学习能力很接近；而实验后，两组被试的英语语音自主学习能力产生了显著性差异（见表1、表2）。

表1　实验组和对照组英语语音自主学习信念（实验前后）独立样本t检验统计表

		平均值		标准差		差值的95% 置信区间		t值	p值
		实验组	控制组	实验组	控制组	下限	上限		
目的了解	实验前	3.9562	3.8256	0.66177	0.68500	− 0.07602	0.33736	1.248	0.214
	实验后	4.1312	3.9070	0.51400	0.57144	0.05726	0.39128	2.652	0.009
目标规划	实验前	4.1375	4.2326	0.54816	0.59135	− 0.27017	0.08006	− 1.072	0.285
	实验后	4.3875	4.1541	0.51543	0.49433	0.07841	0.38845	2.974	0.003
方法使用	实验前	4.2575	4.2535	0.49010	0.50169	− 1.4816	0.15618	0.052	0.959
	实验后	4.3575	4.1674	0.48855	0.46613	0.04374	0.33638	2.565	0.011
监控评估	实验前	3.6589	3.6944	0.62311	0.58684	− 0.22085	0.15001	− 0.377	0.707
	实验后	3.8679	3.8073	0.59784	0.51567	− 0.11022	0.23131	0.700	0.485
信念总计	实验前	3.9646	3.9839	0.46019	0.45149	− 0.15903	0.12050	− 0.272	0.786
	实验后	4.1486	3.9955	0.45887	0.42277	0.01759	0.28867	2.231	0.027

从表 1 可知，实验前，实验组学生与控制组学生在英语语音自主学习信念的四个维度以及总体信念变量上均无显著性差异（$p > 0.05$）。这说明实验前这两组被试的英语语音自主学习信念没有显著性差异。

而实验后，如表 1 所示，除了"学习过程的监控与评估"这一维度（$p = 0.485 > 0.05$），实验组学生在英语语音自主学习信念其他三个维度以及总体信念的均值均高于控制组的学生，其 p 值均小于 0.05，这说明两组被试在英语语音自主学习信念的三个维度（教学目的的了解、学习目标的制订与规划、学习方法的使用）以及总体信念变量上均产生了显著性差异，实验组学生的英语语音自主学习信念明显高于控制组学生。

表 2　实验组和对照组英语语音自主学习行为（实验前后）独立样本t检验统计表

		平均值		标准差		差值的95% 置信区间		t值	p值
		实验组	控制组	实验组	控制组	下限	上限		
目的了解	实验前	3.1125	3.1705	0.73288	0.81288	−0.29586	0.17977	−0.482	0.631
	实验后	3.6292	3.3256	0.66029	0.49037	0.12616	0.48101	3.379	0.001
目标规划	实验前	2.7625	2.8702	0.95422	1.06009	−0.41758	0.20227	−0.686	0.494
	实验后	3.3958	3.0950	0.72545	0.62963	0.09308	0.50866	2.859	0.005
方法使用	实验前	3.2432	3.2579	0.74177	0.81238	−0.25372	0.22423	−0.122	0.903
	实验后	3.5943	3.2188	0.62616	0.51433	0.20039	0.55061	4.234	0.000
监控评估	实验前	2.7571	2.8322	0.79243	0.92093	−0.33787	0.18771	−0.564	0.573
	实验后	3.4161	3.0631	0.65611	0.56662	0.16544	0.54046	3.717	0.000
行为总计	实验前	2.9958	3.0517	0.70831	0.82804	−0.29284	0.18114	−0.465	0.642
	实验后	3.5079	3.1628	0.59866	0.48949	0.17798	0.51218	4.078	0.000

从表 2 可知，实验前，实验组学生与控制组学生在英语语音自主学习行为的四个维度以及总体行为变量上均无显著性差异（$p > 0.05$）。这说明实验前这两组被试的英语语音自主学习行为没有显著性差异。

而实验后，如表 2 所示，实验组学生在英语语音自主学习信念四个维度以及总体行为的均值均高于控制组的学生，其 p 值均小于 0.05，这说明两组被试在英语语音自主学习行为各个维度以及总体行为变量上均产生了显著性差异，实验组学生的英语语音自主学习行为明显高于控制组学生。

表 3　实验组和对照组实验前后英语语音自主学习能力配对样本t检验统计表

	平均值差		差值的标准差		t值		p值	
	实验组	控制组	实验组	控制组	实验组	控制组	实验组	控制组
后信念-前信念	0.18403	0.01163	0.46284	0.46474	3.556	0.232	0.001	0.817
后行为-前行为	0.51204	0.1111	0.65597	0.86939	6.982	1.185	0.000	0.239
后能力-前能力	0.38083	0.07132	0.53703	0.60936	6.343	1.085	0.000	0.281

从表3可知，实验实施后与实验实施前相较，实验组学生在英语语音自主学习信念、行为以及总体能力这三个变量上的平均值差均为正值，其 p 值分别为0.001、0.000、0.000，均小于0.05，这说明实验前后实验组学生在这三个变量上产生了显著性差异，也就表明在语音中心模式施行一学期后，实验组学生的英语语音自主学习信念、行为和总体能力均有显著提升。

而对控制组学生而言，实验施行后与实验施行前相较，他们在英语语音自主学习信念、行为以及总体能力这三个变量上的平均值差虽然也都为正值，但差异较小，而且其 p 值分别为0.817、0.239、0.281，均大于0.05，变化均不显著。这说明实验前后控制组学生在这三个变量上没有产生显著性差异，也就表明在学期结束时控制组学生的英语语音自主学习信念、行为和总体能力均未有明显提升。

5.2 英语专业学生对语音中心模式的看法

上述表1至表3的数据表明"语音中心模式"有效地提升了英语专业学生的英语语音自主学习能力。这一点在笔者调查了实验组学生对语音中心模式施行的看法后得到了进一步的印证（如表4）。

表4 实验组对语音中心模式的评价

序号	陈述	评价（n = 80）
1	语音中心模式提升了我对学习英语语音的积极性。	4.13
2	语音中心模式使我感受到英语语音学习的乐趣。	3.88
3	我喜欢通过语音中心模式进行英语语音自主学习。	3.85
4	语音中心模式增强了我学好英语语音的信心。	3.96
5	语音中心模式使我经常反思自己的语音学习。	3.93
6	语音中心模式使我经常关注自己的语音习得进度。	4.03
7	语音中心模式拓展了我的思维能力。	3.84
8	语音中心模式增强了我运用策略的意识，让我知道如何练好语音。	3.91
9	语音中心模式增强了师生间的交流。	4.08
10	语音中心模式使我感受到同学对我的帮助和激励。	3.65
11	语音中心模式提高了我的英语语音自主学习能力。	4.16
12	语音中心模式促进了我的英语语音自主学习。	4.19

表4中的问卷回答的平均值（> 3）表明，实验组学生对语音中心模式及其施行的效果给予了积极、肯定的评价。他们对语音中心模式及其施行的效果的认可度普遍较高。

5.3 实验组和控制组学生英语语音测评成绩提高情况

笔者将实验组和控制组学生在实验起止时所测得的英语语音水平测试成绩进行了独立样本t检验。结果表明（如表5所示）：实验前，实验组和控制组学生的音段、超音段层面的测评成绩、总体印象分以及英语语音水平测试总成绩没有显著性差异（ $p > 0.05$ ），他们的英语语音水平相当；而实验后，实验组学生在音段、超音段层面的测评成绩、总体印象分以及英语语音水平测试总成绩的均值都高于控制组学生的均值，且 p 值均为0.000，远小于0.05，这表明两组被试在这些变量上产生了显著性差异，实验组学生元辅音的发音情况，重音、节奏感、语调的掌握情况，以及总体发音的清晰度、流畅性以及可懂度等均明显优于控制组学生。这也说明了"语音中心模式"有利于提升英语专业学生的英语语音水平。

表5　实验组和对照组英语语音水平测试成绩（实验前后）独立样本t检验统计表

		平均值		标准差		差值的95%置信区间		t值	p值
		实验组	控制组	实验组	控制组	下限	上限		
音段评分	前测	85.1735	84.5698	3.37055	3.28469	− 0.45248	1.58794	1.099	0.273
	后测	86.6500	85.0581	2.81092	2.60025	0.76259	2.42113	3.790	0.000
超音段评分	前测	82.9375	82.5465	3.80654	3.35597	− 0.70705	1.48903	0.703	0.483
	后测	85.8000	84.3140	2.89653	2.45075	0.66567	2.30642	3.577	0.000
总体印象分	前测	83.7875	83.2093	3.94164	3.42007	− 0.55066	1.70705	1.011	0.313
	后测	86.1000	84.5930	2.94077	2.50824	0.67115	2.34281	3.560	0.000
语音总成绩	前测	84.0750	83.5698	3.49964	3.13440	− 0.51162	1.52208	0.981	0.328
	后测	86.2375	84.7791	2.78442	2.40784	0.66220	2.25466	3.617	0.000

6. 结束语

基于WL构架的语音中心模式的施行是高校英语语音教学实践的一种创新尝试，也是对高校英语语音自主学习内容和形式的一种拓展。实证表明：实验前，实验组学生与控制组学生的英语语音水平分项测试成绩和总成绩均没有显著性差异，两组被试在英语语音自主学习信念（四个维度及总体信念）、行为（四个维度及总体行为）和总体能力没有显著性差异，而在进行了为期一学期语音中心模式体验后，实验组学生的英语语音水平分项测试成绩和总成绩均明显高于控制组学生，其英语语音自主学习信念、行为以及总体能力较之实验前有了显著提升，也明显高于控制组学生。实验组学生普遍认为自己能够明确教学目的、制订学习目标、应用学习方法、并监控和评估自己的学习过程。这说明，语音中心模式的运行契合了自主学习的核心和实质，能有效促进英语专业大学生的语音自主学习。

本研究在一定程度上为现阶段高校英语语音教学提供了一些有价值的参考，但也存在一定的局限性。其一，就受试样本的男女比例而言，女生占多数，男生偏少。虽然女生多、男生少是就读英语专业的学生中普遍存在的现象，但是受试样本的男女比例偏差是否会影响实验结果仍不得而知。其二，本研究的受试样本选定为英语专业

的本科新生，未涉及英语专业高年级的学生。这主要是考虑到外语院校遵照《大纲》所建议的教学计划，一般只在英语专业新生入学后第一学期开设英语语音课程。以英语专业本科新生为研究对象，有助于在实验中实施控制组（常规课堂授课模式）和实验组（"课堂授课+语音中心"的教学模式）的对照。但是，对于没有英语语音课程的英语专业高年级学生而言，这种语音自主学习模式是否依然能促进他们英语语音自主学习能力的发展？能否有效提升他们的英语语音水平呢？该模式对于非英语专业大学生的英语语音自主学习是否也适用呢？这些相关问题都有待于进一步研究。

参考文献

Benson, P. & P. Voller. 1997. *Autonomy and Independence in Language Learning* [M]. London: Longman.

Gardner, D. & L. Miller. 1999. *Setting up Self Access* [M]. Cambridge: Cambridge University Press.

Gimson, A. C. 1980. *Introduction to the Pronunciation of English* [M]. London: Edward Arnold.

Holec, H. 1981. *Autonomy and Foreign Language Learning* [M]. Oxford: Pergamon Press.

Levis, J. M. & L. Grant. 2004. Integrating pronunciation into ESL/EFL classrooms [J]. *TESOL Journal* 12 (2): 13-19.

Pemberton, R., S. L. E. Li, W. F. Winnie & H. D. Pierson (eds.). 1996. *Taking Control: Autonomy in Language Learning* [C]. Hong Kong: Hong Kong University Press.

Warschauer, M., L. Turbee & B. Roberts. 1996. Computer learning networks and student empowerment [J]. *System* 24 (1): 1-14.

邓鹂鸣，2004，发展外语习得者的自主学习意识[J]，《四川外语学院学报》（2）：156-159。

高等学校外语专业教学指导委员会英语组，2000，《高等学校英语专业英语教学大纲》[M]。北京：外语教学与研究出版社。

顾纪鑫、丁煜，2002，英语写作教学新手段——网上写作实验室[J]，《外语电化教学》（5）：37-40。

华维芬，2003，关于建立英语自主学习中心的调查报告[J]，《外语界》（6）：43-48。

欧琛，2016，基于语音中心的英语语音自主学习模式探究[J]，《安徽电子信息职业技术学院学报》（3）：74-77。

庞继贤、叶宁、张英莉，2004，学习者自主：身份与自我[J]，《外语与外语教学》（6）：22-25。

彭宁红，2014，英语专业和非英语专业学生语音学习策略差异研究[J]，《外语学刊》（2）：105-110。

裴晨晖，2016，英语自主学习中心学习材料评价实证研究——某高校的自主学习平台案例分析[J]，《中国外语教育》（1）：45-53。

徐锦芬，2013，课外合作学习对大学生英语自主学习能力影响的实证研究[J]，《解放军外国语学院学报》（5）：39-43。

徐锦芬，2015，课堂互动与外语教学[J]，《中国外语教育》（4）：18-25。

徐锦芬、彭仁忠、吴卫平，2004，非英语专业大学生自主性英语学习能力调查和分析[J]，《外语教学与研究》（1）：64-68。

徐锦芬、唐芬、刘泽华，2010，培养大学新生英语自主学习能力的"三维一体"教学模式——大学英语教学模式改革实验研究[J]，《外语教学》（6）：60-64。

叶兴国、宋彩萍，2014，关于英语类专业教学质量国家标准问题的思考[J]，《中国外语教育》（1）：11-15。

于珏，2015，《中国学生英语朗读节奏模式研究——以母语为杭州话的学习者为例》[M]。上海：同济大学出版社。

张肖莹，2006，基于网络的大学英语"自学+辅导"教学模式探索与实践[J]，《外语电化教学》（3）：69-73。

朱放成，2005，听力理解的思维方式与英语听力教学[J]，《中国外语》（1）：61-64。

作者简介

欧琛（1979—），同济大学博士研究生，浙江大学宁波理工学院外国语学院副教授。主要研究领域：音系学、英语教学、应用语言学。电子邮箱：ocean79ou@163.com

中国大学生EFL与ESL中的学习焦虑对比实证研究

贾贻东

山东财经大学

外
语
学
习

© 2017　中国外语教育（3），77—84 页

提　要：本研究以 51 名参与中外合作办学交流项目的中国大学生为被试，通过问卷和访谈等工具，探讨他们出国前、后外语（二语）学习焦虑水平的变化规律和引起焦虑的原因。研究发现，中国大学生出国后的外语学习焦虑水平呈显著上升趋势，原因是他们担心落下功课，有较强的"话语焦虑"；他们的语言水平显著影响焦虑水平，但不同性别的焦虑水平无显著差异；留学经历中，他们与英语为母语者的不同日均交流时间能够显著地影响学习焦虑水平的起伏变化。

关键词：外语学习焦虑；语言水平；性别差异；留学经历

1. 引言

我国高校近年来同境外大学开展的校际交流项目正在兴起。这些参与中外交流项目的学生从国内的外语课堂置身于国外的二语课堂时，面对新的学习环境和周围各种陌生的社会、文化因素，会产生心理、生理上的多种不适，很容易产生外语学习焦虑（如Allen 2010；Allen & Herron 2003），影响学习效果。但目前国内对经历两种不同学习环境的中国大学生的学习焦虑变化的研究基本上还是空白。本文就以参加中外合作办学项目的大学生为研究对象，专门探讨他们从国内到国外留学前后的外语（二语）学习焦虑变化规律，并试图找到引起他们焦虑的原因。

2. 文献综述

外语学习焦虑是外语学习过程中的一种普遍现象，是外语学习过程中的一种"自我观念、信念、情感和行为的复杂概念，它与课堂语言学习有关，是发生于语言学习过程中的独特现象"（Horwitz _et. al._ 1986：128）。外语学习焦虑表现在多方面。例如，生理表现为说话结巴、手心出汗；面对不同于母语的陌生语言环境，外语学习者怀疑自己的表达是否正确，无法聚精会神地学习，自我认知和自我评价降低，担心失败，在意别人的看法等（Saito _et al._ 1999）。学者们对不同母语背景的外语学习者焦虑进行了研究，如Aida（1994）、Huang _et. al._ (2010) 和Thompson & Lee (2012, 2014) 的被试母语分别是日语、汉语和韩语。

研究者非常关注性别与外语学习焦虑的关系，但研究结果并不一致。例如，有研究发现在外语环境中，女性的学习焦虑水平显著高于男性（如Abu-Rabia 2004；Bensoussan & Zeidner 1989），也有研究则发现女性和男性之间无显著差异（如Aida 1994；徐锦芬、寇金南 2015）。这些研究探讨的是单一语言环境下的学习焦虑变化，但同一组学生身处外语和二语两种不同的语言环境时，其焦虑水平发生了怎样的变化值得进一步研究。

研究者还探讨了学习焦虑与语言学习效果之间的关系，结果并不一致。有的研究表明，学习焦虑与学习效果之间呈负相关，即焦虑程度

越高则学习表现越差（Horwitz 1986；Horwitz 2001；Lu & Liu 2011），但也有研究表明，一些焦虑因子与学习效果正相关，一些则是负相关（Thompson & Lee 2014）。因此，学习焦虑与语言学习效果之间的关系还需进一步的研究。

多项研究还探讨了国外留学经历对学习焦虑和外语水平的影响（Freed 1995；Llanes & Muñoz 2009）。例如，Freed 在研究法语（二语）学习者时发现，低水平的学生即使在法国留学一个学期，他们的口语水平也会比没有留学的学生有显著提高。较长时间的国外留学不仅会提高他们的语言水平，还会降低学习焦虑。例如，Llanes & Muñoz（2009）认为，即使在国外短暂留学3—4周，学生的听力水平、口语流利度和准确度都会有显著改善。Horwitz *et al.*（1986）认为，在探讨学习焦虑和语言水平关系时，研究者应该进一步探讨学习焦虑和更加具体的认知加工之间的关系，如语言习得和语言交际。Thompson & Lee（2014）在探讨留学经历对韩国留学生的焦虑水平影响时，认为未来的研究中应该特别关注留学期间学生的社会交往对焦虑变化的影响。因此，国外留学经历对学习焦虑的影响值得进一步研究。

国内对不同语言环境下的学习焦虑变化研究并不多。目前有张莉（2002）对来华学习汉语的留学生的焦虑状况研究；何姗（2014）对来华学习汉语的留学生的焦虑状况与性别、生源地、汉语水平等变量关系的实证研究；宋铁花（2014）做了中、澳两组学习者在EFL和ESL两种不同环境中的学习焦虑对比研究。本研究旨在通过实证研究考察同一组中国大学生在外语和二语两种不同的语言环境下焦虑水平的变化规律和原因。因此，本研究具有较高的现实意义和理论价值。

3. 研究设计

3.1 研究问题

本研究拟回答以下三个问题：

1）宏观层面上，中国大学生在出国前、出国后的焦虑水平有什么变化？

2）出国前、出国后，中国大学生的性别和语言水平与学习焦虑有什么关系？

3）中国大学生的留学经历（与母语人士的交流时间）与外语学习焦虑水平有什么关系？

3.2 研究对象

研究被试是山东某大学金融实务专业的学生，共 51 名。该大学与英国某大学有正式的校际合作交流项目，根据两校签署的交流协议，中国学生在国内学习专业课程三年后，通过雅思考试，成绩合格者[1] 去该大学学习一年，在英国期间，完成规定的专业课程。

3.3 研究工具

本研究采用质性和量化相结合的方法，使用问卷和访谈两种形式。

量化工具采用的是Horwitz *et al.*（1986）设计的"外语学习课堂焦虑量表"（Foreign Language Classroom Anxiety Scale，FLCAS），它是测量和研究外语学习焦虑变化的常用工具，已应用于多项研究（如Aida 1994；Thompson & Lee 2012，2014；Zhao *et al.* 2013）。

我们把FLCAS量表译成了汉语。该量表包含 33 个项目，采用 5 点式李克特量表计分，从"完全不同意"（1分）到"完全同意"（5分），题目中的"外语"统一换成"英语"。以该量表为基础，组成两个问卷。问卷一是学生在出国前填写的国内外语课堂焦虑量表，同时每个学生提供了个人背景信息，包括性别、出国时的雅思成绩。问卷二是学生完成在英国大学的专业学习时，填写了国外课堂学习焦虑量表，同时每个学生填写了留学经历信息，包括每天与母语人士的平均交流时间、交流场所、语言技能变化等，并预测了经过留学后如果再考雅思可得的成绩。

质性研究工具为面对面的开放式访谈。三名学生接受了访谈，主要围绕国内外课堂的学习情况和学习焦虑展开，访谈语言为汉语，共用时大约 90 分钟。

---

1 根据校际合作协议，学生的雅思成绩 5.0 以上，即达到要求，但 6.0 以下者入该校学习前，需参加英方组织的语言培训。

3.4 数据的收集与分析

问卷一是该批中国大学生在出国前（2014年5月）填写完成，问卷二是学生在即将完成在英国大学的学业时（2015年7月）填写完成。有效问卷共51份。所有数据都采用SPSS 22.0进行处理，其中对学习焦虑量表中的部分反向问题，根据项目内容做了正向处理。因此，得分越高，表明焦虑水平越高。问卷一的焦虑量表内部信度为0.94（Cronbach's Alpha），问卷二的焦虑量表内部信度为0.93（Cronbach's Alpha），可信度都非常高。由于问卷和访谈研究方法各有优点和不足，所得结果互验、互补。

4. 结果与讨论

4.1 宏观层面上，中国大学生在出国前、后的焦虑水平有什么变化？

两个不同时间填写的英语学习焦虑量表显著相关（$r = 0.87$, $p < 0.05$, $n = 51$），表明该量表的测量准确程度高，能够可靠、稳定地测量学习者在外语（二语）学习中的焦虑。表1是中国大学生出国前、后的背景信息描述统计结果：

表1　背景信息描述统计

性别	男生25人	女生26人	共51人	
出国时的雅思分数	最低分5.0	最高分7.50	平均5.66	
与母语人士交流的日均时间	最短2个小时	最长5个小时	3.29个小时	
认为出国后提高的语言技能	听力（1人）	阅读（7人）	口语（37人）	写作（6人）
预测留学后再考雅思的成绩	最低分6.0	最高分7.50	平均6.45	

其中，我们对"认为出国后提高的语言技能"做了卡方检验，结果表明，中国大学生认为在经过留学后，提高的语言技能存在显著差异（$x^2 = 149.56$, $df = 3$, $p < 0.05$），多数人认为他们的口语有显著提高。

宏观上，中国大学生出国前、后的焦虑水平发生了什么变化呢？首先，我们对两个量表做了总体上的配对样本T检验，结果表明在英国大学的学习焦虑水平显著高于国内英语课堂（$t = 4.00$, $df = 50$, $p < 0.05$）。

具体来说，量表中的哪些方面有了显著上升呢？我们以焦虑量表的具体项目为基础，并以Huang *et. al.*（2010）的因子分类为基础，对国内、外两个焦虑量表做了配对样本T检验。具体见表2。

表2　出国前、后的焦虑因子显著性差异统计（n = 51）

焦虑类别	项目序号	国内（EFL）焦虑		国外（ESL）焦虑	
		均值	Cronbach's Alpha	均值	Cronbach's Alpha
因子1：话语焦虑与担心负面评价	1, 3, 4, 15, 20, 29, 30	3.10	0.92	3.39	0.93
因子2：英语学习的舒适度	2, 22, 32	2.30	0.62	2.21	0.57
因子3：担心落下功课	9, 10, 24	3.41	0.71	3.61	0.75
因子4：对英语课的负面态度	16, 21, 26	2.81	0.81	2.91	0.84

在33个项目中，有16个项目在出国前（M = 2.95）、出国后（M = 3.12）存在显著差异。按照Zhao *et al.* (2013) 的划分标准，项目均值高于3.00的为高焦虑水平。这16个项目中，各有8个项目的均值高于3.00，属于高焦虑水平，且它们的项目序号和高低排序在出国前后完全相同，这可能是引起中国留学生焦虑的共同原因。它们依次分别是No. 10 (M = 4.00)、No. 9 (M = 3.76)、No. 29 (M = 3.50)、No. 1 (M = 3.45)、No. 4 (M = 3.36)、No. 20 (M = 3.47)、No. 3 (M = 3.33) 和No. 26 (M = 3.27)。根据Huang *et. al.* (2010) 的焦虑因子分类，以上8个项目分属于三个因子：话语焦虑与担心负面评价（因子1）、担心落下功课（因子3）和对英语课的负面态度（因子4）。受访的学生说，在国内英语课堂上，为考得较高的雅思分数，不再出国参加语言学校的培训，很多同学非常刻苦，学习动机非常强；在他们进入这所英国大学后，为了听懂英国老师的课，很多人对上课内容全程录音，课后还要反复听，尽量听懂老师的每一句话，因为他们担心一旦听不懂课程，考试成绩达不到要求，就有可能延期毕业；延期毕业也就意味着留学费用的增加。所以，许多学生有很强的"使命感"，他们必须努力学习，按时毕业，这是他们对自己的要求，也是家庭对他们的期待，这种对

获得成功和避免失败的期望是一种强烈的动机因素（秦晓晴 2002；王初明 1990），也应该是中国大学生的焦虑水平在国外课堂升高的现实原因。另外，根据访谈，英国老师的一些教学活动容易引发学生的焦虑，如在全班同学面前回答老师的问题，这类课堂活动要比国内多很多。在英国大学课堂焦虑水平的上升应该与我国的外语教学中过分强调读写、忽视听说的教学特点有关，长此以往，造成了"聋子英语"、"哑巴英语"（宋铁花 2014）。其他研究也表明，口语表达最容易引起外语学习者的焦虑水平上升（如Ellis 1989；Young 1990）。但是，这些教学活动也使中国大学生认为，在听说读写四项技能中，他们的口语进步是最大的。

4.2 出国前、出国后，中国大学生的性别和语言水平与学习焦虑有什么关系？

我们把学生出国前考的雅思平均分作为语言水平。首先，检验性别和语言水平与各个焦虑因子的相关性。结果表明，性别与焦虑因子2之间存在显著相关（r = 0.30，*p* < 0.05）；语言水平与焦虑因子1（r = 0.79，*p* < 0.01）、因子3（r = 0.52，*p* < 0.01）和因子4（r = 0.84，*p* < 0.01）之间存在显著正相关，具体见表3。

表3 出国前4个焦虑因子与性别和语言水平的相关性

	焦虑因子1	焦虑因子2	焦虑因子3	焦虑因子4
性别	− 0.04	0.30	− 0.14	0.14
显著性	0.76	0.03	0.32	0.32
语言水平	0.79	− 0.20	0.52	0.84
显著性	0.00	0.15	0.00	0.00

其次，为进一步了解性别和语言水平对焦虑水平的具体影响，我们做了双因素组间方差分析，结果显示，不同性别和不同语言水平对学习焦虑水平无显著交互作用（f = 0.05，df = 1，*p* > 0.05）。因此，我们又做了不同性别和水平对焦虑水平的主效应检验。

我们把学生分为高水平组（ ≥ 6.00）和低水

平组（ < 6.00）。根据合作协议，国内雅思平均分高于6.00的学生，出国后可以直接进入专业学习，属高水平组；平均分低于6.00的学生，出国后还要在语言学校进行4—6周的语言技能培训，才能进行专业学习，属低水平组。结果表明，不同性别的学生在学习焦虑水平上无显著差异（f = 2.94，df = 49，*p* > 0.05），但女生焦虑

80

水平（M = 96.35）高于男生（M = 90.32）；不同语言水平的学生在学习焦虑水平上存在显著差异（f = 5.03，df = 49，$p < 0.05$），具体见表4。

表4　出国前不同性别和不同水平对焦虑水平的主效应

分组	变量	焦虑水平均值[1]	标准差	t值	p值
性别	男（n = 25）	96.35	11.14	1.69	0.10
	女（n = 26）	90.32	14.07		
语言水平	高（≥6.00，n = 19）	108.84	6.95	17.47	0.00
	低（<6.00，n = 32）	84.22	3.06		

表4的数据表明，语言水平高的学生，其焦虑水平（M = 108.84）要显著高于低水平的学生（M = 84.22）。

那么，在英国大学的二语课堂，他们的性别和学习水平与焦虑水平关系如何呢？出国后不同性别的学生在焦虑水平上的独立样本t检验结果表明，男女生的焦虑水平无显著差异（f = 0.24，df = 49，$p > 0.05$），但女生焦虑水平（M = 97.77）略高于男生（M = 96.68）。我们以这些学生留学一年后预测再考雅思的成绩均值作为其学习水平，

做了相关分析。他们对雅思的自评成绩是发生在完成二语课堂学习之后，自评成绩作为其被试的语言水平，在多项研究中均有使用（如Révész 2011；Shao *et al.* 2013）；本研究中出国前的雅思成绩和自评语言水平的相关分析结果显示，二者之间存在显著的正相关（r = 0.94，$p < 0.01$），因此，自评成绩可作为他们的学习水平。相关分析结果显示，4个焦虑因子与自评语言水平之间均存在显著地高度正相关关系，具体见表5。

表5　语言水平与出国雅思和焦虑水平的相关性

	出国雅思	焦虑因子1	焦虑因子2	焦虑因子3	焦虑水平4
语言水平	0.94	0.84	0.66	0.49	0.88
显著性	0.00	0.00	0.00	0.00	0.00

根据结果，他们出国的雅思成绩越高，出国后达到的语言水平越高；出国后焦虑水平越高，则语言水平越高。这表明经过一年的国外学习后，课堂学习焦虑依然是一种促进他们努力学习、获得好成绩的积极情感因素。

这个结果不同于以往关于学习焦虑和外语水平的影响的研究（如Freed 1995；Llanes & Muñoz 2009）。学习动机的期望—价值理论（expectancy-value theories）或许可以来解释以上的结果。该理论认为，个体完成各种任务的动机取决于他对这一任务成功可能性的期待和该

任务所赋予的价值；当他认为达到目标的可能性越大时，从这一目标中获取的激励值也就越大，那么他完成这一任务的动机也就越强（武和平 2001）。也就是说，当执行任务的人具备了完成该任务的基本能力时，强烈的主观动机和完成任务所产生的期待附加值（如投入成本的降低、获得某种物质或精神奖励等）都会让学习者产生巨大的学习动力，促使他们更加努力地学习。根据访谈，很多中国留学生出国时都有较强的学习动机，尤其语言水平高的学生对自己的期待更高，他们认为通过自己的努力，更有可能获得好成

---

1 焦虑水平均值使用了焦虑量表33个项目总和的均值。

绩，这成为激励他们刻苦学习的重要情感因素。另外，有研究表明，好学生有完美主义情结，对自己要求非常高，总是希望自己做得更好，这很容易导致他们的焦虑水平较高（Gregersen & Horwitz 2002）。接受访谈的学生说，很多同学有强烈的竞争意识，希望自己成绩更好一点，能够在这所大学继续读研，因为根据校际合作协议，在其他条件相同时，他们可以优先在该校申研，甚至可以申请到世界排名很好的其他英国大学。有研究发现，竞争欲较强的人经常把自己和别人作比较，这种比较很容易产生焦虑（Price 1991）。因此，我们认为，基于自我期待的竞争欲应该是引起他们焦虑的另一个重要原因。

4.3 中国大学生的留学经历（与母语人士的交流时间）与外语学习焦虑水平有什么关系？

除了性别和语言水平外，留学经历也会影响到大学生的焦虑变化，其中与母语人士的交流时间是一个重要变量（Thompson & Lee 2014）。

笔者以出国后与母语人士的日均交流时间为自变量，国外课堂的焦虑水平为因变量，做了单因素方差分析。检验结果表明，不同交流时间的学生在学习焦虑水平上存在显著差异〈$F_{(3, 47)} = 38.46$，$p < 0.05$〉。事后检验的具体结果，见表6。

表6 交流时间对学习焦虑水平的方差分析事后检验结果

事后检验	交流时间	交流时间	均差	标准误	p值
Tukey HSD	2小时	3小时	−5.71	2.82	0.19
		4小时	−28.53	3.25	0.00
		5小时	−24.09	3.66	0.00
	3小时	4小时	−22.81	2.73	0.00
		5小时	−18.37	3.21	0.00
	4小时	5小时	4.44	3.59	0.61

根据以上结果，学生日均交流时间为2小时和3小时的学生焦虑水平无显著差异，日均交流时间为4小时和5小时的学生焦虑水平也无显著性差异；但交流2—3小时的焦虑平均值显著低于4—5小时的焦虑水平。图1更清楚地呈现了交流时间与焦虑水平之间的关系。

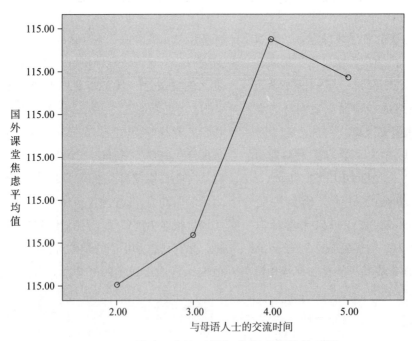

图1 交流时间与焦虑水平的关系图

根据图1，每天4小时的交流时间是焦虑发生转折的临界点或关键期：当交流时间低于4小时，学生的焦虑水平呈上升趋势，交流时间超过4小时后，学生的焦虑水平呈下降趋势。接受访谈的学生说，刚入英国大学时，很多同学面临诸多不适应，除了周围比较陌生的社会、文化环境因素外，最直接面临的窘境是语言交流，但很多交流又是"不得不"去做的，如学习中要与老师进行交流，生活中与寄宿家庭进行交流；为了更快融入新环境，许多同学只要有合适的时间和场所，就会有意寻找机会与英语为母语的人士交流，以提高他们的听力和口语表达能力。Thompson & Lee（2014）在总结留学经历对韩国留学生的焦虑水平影响时，认为未来的研究中应该关注留学期间学生的社会交往对焦虑变化的影响，特别提出以学生与目标语为母语人士的交流时间为自变量，焦虑水平为因变量来研究二者的关系。该研究结果表明，与母语人士不同的交流时间的确会影响留学生焦虑水平的变化，即短时间的交流会增加焦虑，超过4个小时后焦虑水平就会降低。

5. 结论

本研究探讨了同一组中国大学生在EFL和ESL两种不同语言环境下的焦虑变化情况，并结合访谈结果，试图找出引起焦虑的原因。根据以上研究，我们认为：第一，中国大学生出国后的焦虑水平呈上升趋势。从学生角度，努力学习、按时毕业是他们的重要学习动机，也是引起焦虑的原因之一；另外，课堂上的一些教学活动，如即时的话语产出会导致他们退缩、恐惧、担心等焦虑状况的发生，这是引起焦虑的另一个原因。第二，中国留学生的语言水平显著地影响了他们的焦虑水平，即语言水平越高，焦虑水平则越高，这可能与他们的自我期待和竞争意识有关，即越是语言水平高，越是期待自己的学习成绩能比别人好。另外，不同性别在焦虑水平上不存在显著差异，但女生比男生的焦虑水平略高。第三，留学经历，特别是与母语人士的交流时间会

影响留学生焦虑水平的变化，4小时为临界点，交流时间越长就越能降低焦虑水平。本研究的不足是，对出国后学生焦虑水平的上升趋势的解释，仅基于对三名学生的访谈，其解释的充分性和合理性还有待进一步改进。

本研究发现，外语（二语）学习焦虑是一种与个人期待、动机、信念、情感等有关的复杂概念，它既可能是与紧张、担心、害怕等有关的消极情感（如MacIntyre 1994），也与积极情感相关，即各种焦虑会成为激励学习者更加努力的积极情感因素。正如Dörnyei（2009）所说，外语（二语）学习焦虑是一个"奇特的变量（curious variable）"，其概念看似简单明了，但在分类上却有很大的不确定性，它可能与学习动机有关，但有时它又可能是基本情感的组成部分。这种多面性或许正是研究外语（二语）学习焦虑的吸引力所在，也可以解释为什么这个话题是应用语言学中的研究焦点之一了。

参考文献

Abu-Rabia, S. 2004. Teachers' role, learners' gender differences, and FL anxiety among seventh-grade students studying English as a FL [J]. *Educational Psychology* 24: 711-721.

Aida, Y. 1994. Examination of Horwitz, Horwitz, and Cope's construct of foreign language anxiety: The case of students of Japanese [J]. *Modern Language Journal* 78: 155-168.

Allen, H. W. 2010. Language-learning motivation during short-term study abroad: An activity theory perspective [J]. *Foreign Language Annals* 43: 27-49.

Allen, H. W. & C. Herron. 2003. A mixed-methodology investigation of the linguistic and affective outcomes of summer study abroad [J]. *Foreign Language Annals* 36: 370-385.

Bensoussan, M. & M. Zeidner. 1989. Anxiety and achievement in a multicultural situation: The oral testing of advanced English reading comprehension [J]. *Assessment and Evaluation in Higher Education* 14: 40-54.

Dörnyei, Z. 2009. *Personality in Second Language Acquisition* [M]. Oxford: Oxford University Press.

Ellis, R. 1989. Classroom learning styles and their effect on second language acquisition: A study of two learners [J]. *System* 17:249-262.

Freed, B. 1995. What make us think that students who study abroad become fluent? [A]. In B. Freed (ed.). *Second Language Acquisition in a Study Abroad Context* [C]. Philadelphia, PA: John Benjamins. 123-148.

Gregersen, T. S. & E. K. Horwitz. 2002. Language learning and perfectionism: Anxious and non-anxious language learners' reactions to their own oral performance [J]. *Modern Language Journal* 86: 562-570.

Horwitz, E. K. 1986. Preliminary evidence for the reliability and validity of a Foreign Language Classroom Anxiety Scale [J]. *TESOL Quarterly* 20: 559-562.

Horwitz, E. K. 2001. Language anxiety and achievement [J]. *Annual Review of Applied Linguistics* 21: 112-126.

Horwitz, E. K., M. B. Horwitz & J. Cope. 1986. Foreign language classroom anxiety [J]. *Modern Language Journal* 70: 125-132.

Huang, S., Z. Eslami & R. Hu. 2010. The relationship between teacher and peer support and English-language learners' anxiety [J]. *English Language Teaching* 3(1): 32-40.

Llanes, A. & C. Muñoz. 2009. A short stay abroad: Does it make a difference? [J] *System* 37: 366-379.

Lu, Z. & M. Liu. 2011. Foreign language anxiety and strategy use: A study with Chinese undergraduate EFL learners [J]. *Journal of Language Teaching and Research* 2: 1298-1305.

MacIntyre, P. D. 1994. Variables underlying willingness to communicate: A causal analysis [J]. *Communication Research Reports* 11: 135-142.

Price, M. L. 1991. The subjective experiences of foreign language anxiety: Interviews with anxious students [A]. In E. K. Horwitz & D. J. Young (eds.). *Language Anxiety: From Theory and Research to Classroom Implications* [C]. Englewood Cliffs, NJ: Prentice Hall. 101-108.

Révész, A. 2011. Task complexity, focus on L2 constructions, and individual differences: A classroom-based study [J]. *Modern Language Journal* 95: 162-181.

Saito, Y., E. K. Horwitz & T. J. Garza. 1999. Foreign language reading anxiety [J]. *Modern Language Journal* 83: 202–218.

Shao, K. , Z. Ji & W. Yu. 2013. An exploration of Chinese EFL students' emotional intelligence and foreign language anxiety [J]. *Modern Language Journal* 97: 917-929.

Thompson, A. S. & J. Lee. 2012. Anxiety and EFL: Does multilingualism matter? [J]. *International Journal of Bilingual Education and Bilingualism* 15: 1-20.

Thompson, A. S. & J. Lee. 2014. The impact of experience abroad and language proficiency on language learning anxiety [J]. *TESOL Quarterly* 48: 252-274.

Young, D. J. 1990. An investigation of students' perspectives on anxiety and speaking [J]. *Foreign Language Annals* 23: 539-553.

Zhao, A., J. Dynia & Y. Guo. 2013. Foreign language reading anxiety: Chinese as a foreign language in the United States [J]. *Modern Language Journal* 97: 764-778.

何姗，2014，外国留学生汉语学习焦虑研究[J]，《云南师范大学学报》（2）：61-69。

秦晓晴，2002，动机理论研究及其对外语学习的意义，《外语研究》（4）：74-79。

宋铁花，2014，澳大利亚二语学习者的学习观念实证研究[J]，《解放军外国语学院学报》（3）：44-50。

王初明，1990，应用心理语言学[M]。长沙：湖南教育出版社。

武和平，2001，九十年代外语/二语学习动机研究述略[J]，《外语教学与研究》（2）：116-121。

徐锦芬、寇金南，2015，大学生英语学习焦虑自我调节策略研究[J]，《外语学刊》（2）：102-107。

张莉，2002，留学生汉语阅读焦虑感研究[J]，《语言文字应用》（4）：77-83。

作者简介

贾贻东（1971—），山东财经大学外国语学院副教授。主要研究领域：语言测试与评价、语言教学理论与实践。电子邮箱：jnjyd@163.com

2017年8月　　　　　　　　　　　中国外语教育（季刊）　　　　　　　　　August 2017

第10卷　第3期　　　　　　　Foreign Language Education in China (Quarterly)　　　　Vol. 10　No. 3

重构二语教师反思性实践框架
——《促进二语教师反思》 述评[1]

颜　奕　罗少茜

清华大学　北京师范大学

© 2017　中国外语教育（3），85–88 页

书评

提　要：本文评述了 Thomas S. C. Farrell 2015 年出版的专著《促进二语教师反思》。本文对该书内容进行了概述，对比了作者建构的新旧二语教师反思框架，并讨论了书中有待商榷之处及该书对促进我国外语教师反思性实践的启示。

关键词：反思性实践；框架；二语教师

1. 引言

反思是促进教师专业成长的重要途径，有助于教师提高教学质量，由此教师可为学习者提供优化的学习契机。国际著名的二语教师教育专家 Thomas S. C. Farrell 经过多年对二语教师反思的钻研，在二语教师教育领域著述甚丰，如 2004 年的《行动中的反思性实践》（*Reflective Practice in Action*）、2007 年的《反思性语言教学：从研究到实践》（*Reflective Langllage Teaching: From Reasearch to Practice*）及 2013 年在中国出版的《反思性实践：重燃你的教学热情》（*Reflective Practice: Rewakening Your Passion for Teaching*）。2015 年，他出版了《促进二语教师反思》（*Promoting Teacher Reflection in Second Language Education: A Framework for TESOL Professionals*），推出新的二语教师反思性实践框架。

2. 内容简介

该书共九章，可分为三个部分，系统阐述了二语教师反思的新框架。

第 1 至 3 章为该书其余章节铺设了背景。第 1 章 "走进反思性实践" 描述了作者如何基于 35 年来的阅读、思考、实践与研究构建了一个适用于各个专业发展阶段二语教师的新框架，并提及 Dewey 和 Schön 实用主义导向的反思理论对其思想体系的深刻影响。第 2 章 "沉思与反思" 首先讨论了两者的内涵、意义及差别，继而介绍了反思的三个层次（描述性反思、观念性反思和批判性反思）、五种途径（技术理性、行动中的反思、关于行动的反思、为了行动的反思及行动研究）、三种态度（开明的心态、责任感及全心全意）及十个目的。作者还概述了建构新框架所参考的多个反思模型，如 Dewey 的反思性探究模型、Kolb 的体验学习理论、通识教育领域中 Korthagen 的 ALACT 模型及临床心理学家 Shapiro 和 Reiff 的 RIP 模型。第 3 章 "反思性实践框架" 勾勒出框架的五个层次。第一层 "哲理"（philosophy）意在通过自传体叙事了解教师的自我认同，为探究教师实践的根源打开一扇窗。第二层 "原理"（principles）即通过探究隐性的教师准则（maxims）、隐喻（metaphors）和意象（images）对教师的假设、信念和观念进行反思。第三层 "理论"（theory）旨在通过教案、关键事件及案例分析帮助教师发现其在教学中使用的理论。第四层 "实践"（practice）指通过课

1 本文为中国教育学会 "十二五" 规划课题 "英语课程资源开发利用综合研究" 子课题（项目编号：01060129-DX50）的部分成果。

堂观察及行动研究探索教师显性的教学行为。第五层"超越实践"（beyond practice）即批判性反思，旨在探究影响教师实践的道德、政治及社会文化因素。教师可根据自身需求从任一层次开启反思之旅。

第二部分包括第4至8章，具体介绍了新框架的五个层次。第4章"哲理"论述了教师如何通过沉思了解内在自我、提高自我意识，及如何通过反思探究塑造教师哲理的背景和经历。教师可用三种方式反思其哲理：1）通过自传式编年体重构教师的生命体验；2）叙事框架为教师提供更加结构化的反思方法；3）记录职业生涯中的关键事件、人物或阶段。第5章"原理"讨论了教师有关教与学的假设、信念和观念。假设是教师未表达的、想当然的信念，包括典型性假设（paradigmatic assumptions）、规定性假设（prescriptive assumptions）、随意性假设（casual assumptions）及支配性假设（hegemonic assumptions）。教师可通过教学准则的滤镜检视其假设。信念具有独特性、评价性及不稳定性等特征，受教师经历、教学经验、学校文化、教师个性等多重因素影响。教师可通过隐喻和意象辨识其信念。观念是教师能较清晰地意识到的、有组织和具体意义的框架，指导教师理解、诠释并回应特定的教学情境。假设、信念和观念这三者通常被认为意义相近而被交替使用，作者则将三者看作是同一意义连续统上的不同结点。第6章"理论"中，作者指出理论能够帮助教师回答"为什么"这一基本问题，增加教师对实践的理解，并为其提供"命名"实践的话语，帮助教师跳脱习惯的桎梏。教师可通过以下方法反思理论：1）研究教案设计，通常有正向、驱中、逆向三种设计；2）使用关键事件方案（critical incident protocol）；3）分析教学案例。本章与前两章共同构成了教师实践的理论基础。第7章"实践"指出教师通过课堂观察和行动研究等方法反思实践可更新对学生、教学及自我的理解，并可将其与前三个层次的反思结果作比较，以探究教师实践和理论基础的相互影响。第8章"超越实践"讨

论了"批评性反思"，鼓励教师不仅要反思理论和实践，更应超越技术层面探究影响教师实践的道德、政治及社会因素，并挖掘社会、共同体、学校及课堂中那些从未被质疑的常规，以期改变专业及个体环境。作者引介了教师反思小组与同伴对话的反思方式来进行"批评性反思"。

最后一部分第9章"框架导览"举例展示了如何应用新框架。首先，教师可采用从理论到（超越）实践的路径，用演绎的方式进行反思。该路径适合缺少教学经验的职前和初任教师，也同样适于采取较强理论导向的经验型教师。其次，教师可采用从（超越）实践到理论的路径，用归纳的方式进行反思。该路径不仅适合经验型教师，也适合参与了教育实习的职前教师。再次，教师可根据各自的兴趣、需求与时间利用框架中的任一层次进行反思。最后，作者指出反思是一个不断演进的概念，并从本质、方法及目的三方面将反思性实践重新界定为"一个伴有一系列态度的认知过程，在该过程中教师系统地收集有关实践的数据、与他者进行对话，并利用数据对课堂内外的实践做出明智的决策"（Farrell 2015：123）。

3. 简评

3.1 新旧框架对比

在其2004年至2013年的专著中，Farrell均使用了一章的篇幅呈现了同一个反思性教学框架。该框架包含五个元素：1）反思的机会与活动，如课堂观察、小组讨论和反思日志；2）活动的基本规则，涉及反思活动小组的领导人、活动形式及讨论内容等；3）四类时间的投入，即个体反思、反思活动、教师发展及整体反思的时间；4）外部输入，即教师同伴以研讨形式交流反思成果；5）低情感焦虑状态，即充满信任与支持的反思环境。在本书中，作者重构了二语教师反思框架，并就每一层次分别使用了一章的笔墨详细论述。从结构体例看，这些章节介绍了五个层次的意涵、反思的内容及方法/工具等（见表1）。

表1 新框架的五个层次

反思层次	哲理	原理	理论	实践	超越实践
章节	第4章	第5章	第6章	第7章	第8章
意涵	哲理决定教师如何教学，反映教师个体的成长经历及信念和价值观体系的发展	原理即教师有关教与学的假设、信念和观念	理论帮助教师回答"为什么"这一基本问题，增加教师对实践的理解	实践是课堂上教师真实的作为	超越实践即批评性反思
反思内容	内在自我、教师背景和过往经历	教师假设、信念和观念	教师的正式理论、非正式理论或使用中的理论	真实的课堂实践	实践的社会、政治、道德与情感等方面
反思方法/工具	沉思、自传式编年体、叙事框架及职业发展关键事件、人物或阶段	教师准则、隐喻及意象的分析	教案、教学关键事件、教学案例分析	课堂观察（自我或同伴）、行动研究	教师反思小组、同伴对话

对比新旧框架，可发现两者在性质、功能及使用范围等方面存在差异。旧框架采用了规约性的建构途径，规定了促进教师反思的条件。其功能较为单一，仅提供了进行反思的五项条件，而这些也并非是促成反思的充要条件，并不能从方法和内容上为具有不同背景和资源的教师提供更具体的引领。在本书中，作者也认为旧框架较为笼统，仅包含了三种反思方法，即课堂观察、小组讨论及书面反思，更适合具有一定从业经验的教师，而对于新手教师则具挑战性。相对而言，新框架是描述性的，从反思范畴的视角系统呈现了反思性实践的"五行图"，为不同专业发展阶段的教师提供可根据其兴趣、需求及条件任意选择的菜单。

3.2 有待商榷之处

该书推陈出新，但仍有值得商榷之处。第一，作者强调新框架的五个层次并不是孤立存在的，而是相互关联的，每个层次的构建都依赖于另一个层次。但框架图（图1）中双向箭头仅存在于相邻两个层次之间，如实践和理论或实践和超越实践之间。那么，为何非相邻层次（如哲理和实践）之间没有关联呢？作者也认为，哲理为探究教师实践的根源打开了一扇窗，并不可避免地引导着教师课堂内外的专业实践。由此，笔者

提出疑问，不相邻的层次之间是否也应用双向箭头连接呢？

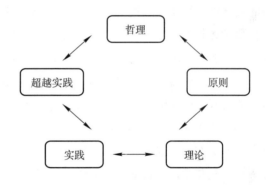

图1 二语教师反思性实践框架
(Farrell 2015: 23)

第二，新框架涉及的概念略显冗杂，易引起混淆。例如，从概念界定和特征描述来看，新框架第二层"原理"包含的三个类属（假设、信念与观念）彼此的区分度并不显著，新框架第二层"原理"和第三层"理论"两个概念的划分也略显牵强。Borg（2006）认为，教师认知研究领域术语繁多不仅由教师认知本身的复杂性所致，也因为不同研究者对相同概念的界定不同或使用了不同术语来定义相同概念。因此，就如何更合理地区分新框架中的相关概念及类属还有待进一步推敲。第三，该书第二章中提及反思的五种途径并非同一层面的概念。"技术理性"是指将已

有研究和理论作为参照系对教学行为进行反思。"为了行动的反思、行动中的反思、关于行动的反思"是基于反思发生的时机讨论反思途径。"行动研究"则是一种具有特定探究程序的从业者研究,而反思是其间不可或缺的环节(王蔷 2013)。显然,这五种途径的侧重点有所不同,似乎不可相提并论。

3.3 实践价值

该书可为我国外语教师反思性实践的定位、范畴及方法提供启示。首先,该书将二语教师的反思性实践定位为一个需要"系统地收集数据"并"与他者进行对话"的认知过程。然而,现实中教师反思多为描述性的教学经验总结,缺少对问题系统深入的分析,往往表现出主观性、随意性、表面化及经验化,改善实践的诉求也因此落空(闵钟 2016)。该书的定位则强调了反思性实践的科学性与互动性。换言之,教师反思性实践同样要求教师持有学术研究的严谨态度和科学方法,还需要共同体成员之间的合作与互动。同伴对话可促进教师梳理自己的思想,他者反馈也对教师的自我追问提出了要求。其次,新框架拓展了教师反思的范畴,强调"超越实践"的批判性反思。研究揭示,我国高校外语教师的反思内容囿于课堂教与学,对自身专业发展和教育环境的反思有待增强,批判性反思有较大提升空间(颜奕、罗少茜 2014)。由新框架可见,反思范畴不应局限于教学实践,还应包括影响教师实践的教师自我身份认同、信念与知识体系及社会、政治、道德等因素。此外,作者还汇总了反思方法或工具,包括沉思、自传式编年体、叙事框架、关键事件法、隐喻及意象分析、教案及案例分析、课堂观察、教师反思小组及同伴对话等。然而,研究发现我国教师的反思方式较为单一并有模式化倾向,多以课堂感悟、学期总结及教学随笔等形式出现(易进、顾丽丽 2008)。该书中的反思方法及案例可为我国外语教师的反思性实践提供切实的参考。

总之,该书秉承了作者的一贯风格,文字浅显流畅、内容旁征博引、案例丰富实用、受众群体广泛,且注重对实践的指导,因此不失为一本值得向我国广大外语教师及教师教育者推荐的著作。

参考文献

Borg, S. 2006. *Teacher Cognition and Language Education: Research and Practice* [M]. London: Continuum.

Farrell, T. S. C. 2004. *Reflective Practice in Action* [M]. Thousand Oaks, CA: Corwin.

Farrell, T. S. C. 2007. *Reflective Language Teaching: From Research to Practice* [M]. London: Continuum.

Farrell, T. S. C. 2013. *Reflective Practice: Reawakening Your Passion for Teaching* [M]. Beijing: Foreign Language Teaching and Research Press.

Farrell, T. S. C. 2015. *Promoting Teacher Reflection in Second Language Education: A Framework for TESOL Professionals* [M]. New York: Routledge.

闵钟, 2016, "教师反思"三思 [J],《教育探索》(5):117-121。

王蔷, 2013,《反思性实践:重燃你的教学热情》评介 [J],《中国外语教育》(2):64-69。

颜奕、罗少茜, 2014, 高校外语教师反思性语言教学研究 [J],《中国外语》(2):4-10。

易进、顾丽丽, 2008, 促进教师反思的若干思考 [J],《教育科学研究》(2):53-56。

作者简介

颜奕(1975—),清华大学外文系助理研究员。主要研究领域:应用语言学、外语教育与教师发展。电子邮箱:yanyee@tsinghua.edu.cn

罗少茜(通信作者)(1961—),北京师范大学外文学院教授、博士生导师。主要研究领域:应用语言学、语言测试。电子邮箱:sqluosheila@bnu.edu.cn

2017年8月　　　　　　　　　　　中国外语教育（季刊）　　　　　　　　August 2017

第10卷　第3期　　　　　　Foreign Language Education in China (Quarterly)　　　　Vol. 10　No. 3

《语言学习者学习心理"再探"》评介[1]

于守刚　　　　　　　　邱婉宁　　刘宏刚

东北师范大学/哈尔滨工程大学　吉林大学　东北师范大学

© 2017　中国外语教育（3），89—93 页

书评

提　要：《语言学习者学习心理"再探"》一书是《第二语言习得中语言学习者学习心理中的个体差异》的再版。全书梳理了个体差异研究中个性、语言学能、动机、学习风格、学习策略等重要的学习者个体差异研究近十年的最新研究成果，为未来的二语习得领域中的个体差异研究的发展提供了重要启示。本文对该书内容进行了概述，指出了本书的特点，并就该书对二语习得研究的贡献展开讨论。

关键词：个体差异；心理学；复杂动态

1. 引言

学习者个体差异研究是二语习得研究的重点领域之一，受到了国内外学者的广泛关注（Ellis 2008；Gass & Machey 2012；杨连瑞、尹洪山 2005）。2005 年，该领域里程碑式的专著《第二语言习得中语言学习者学习心理中的个体差异》（*The Psychology of the Language Learner Individual Differences in Second Language Acquisition*）（Dörnyei 2005）（以下称05版）问世，该书在教育心理学/认知心理学和应用语言学之间架起一座桥梁（Mayr 2005）。十年后，05 版的作者英国诺丁汉大学英语系教授Zoltán Dörnyei与他的学生日本早稻田大学教授Stephan Ryan合作，将其再版（以下称15版），将书名改为《语言学习者学习心理"再探"》，用"再探（revisited）"一词来突出十年来，在二语习得领域"动态转向"的背景下，个体差异研究取得的最新成果，阐释了用复杂系统视角关照个体差异研究的主张。该书作者还强调在研究内容上要重视情境因素的作用、研究方法上要注重叙事研究，以便能够将关注点由传统研究的重视策略、动机等个体差异因素的群体间差异拓展到诸因素在学习者个体上的历时的深入变化。

2. 内容介绍

全书共有八个章节，第一章为引言，第八章为全书的总述，其余六章分别介绍个性、语言学能、动机学习风格和认知风格、学习策略和自我调节、其他学习者特征。

第一章引言部分，首先介绍了传统个体差异研究的诸方面内容，并阐释了研究在二语学习领域的重要作用。接着，作者回应了对传统个体差异研究提出的挑战，强调个体差异包含的诸要素之间彼此关联，交错互动，表现出一种心理特质的同时，也会受到时间和情境的影响而出现波动。最后作者指出情绪研究、思维中的认知、情感和动机研究是需要引起重视的研究内容，并强调复杂系统理论作为研究视角在未来研究中的重要作用。本章末尾还对McAdam的个性理论在个性研究中的理论地位做了论述。

　1 本文为2015年度国家社科基金项目"高校外语教师专业发展动机及其影响因素的生态模型构建研究"（项目编号：15BYY099）的阶段性成果。

第二章主要论述学习者个性。在概念界定和理论论述后，作者指出个性与学术成绩之间的关系不够直接明了，所以研究中需要考虑包括情景变量互动、简单模式、超级特征等五个研究角度。而后作者描述了心理学中的经典"大五"（敏感性、外向性、开放性、宜人性、勉励性）个性模式，并在此基础上着重阐释了Musek提出的"大一"（Big One）模式（Musek 2007）以及McAdam & Pal提出的"新大五"（New Big Five）（McAdam & Pals 2006）模式。最后，作者指出学习者个性研究已经引起了二语习得研究者的关注，并有同行开始了积极探索（如Dewaele 2012；Erhman 2008），但还缺乏实证研究。

第三章聚焦语言学能。作者首先讨论了语言学能研究的几个传统话题（学能的作用，学能与智力、年龄、语言习得等），强调目前的语言学能研究应该多采用动态视角。此外，本章不仅讨论了MLAT（Modern Language Aptitude Test）为代表的心理测量驱动下学能测试工具，而且着重论述了基于理论的语言能力测试，包括外语习得中的创新认知能力测试（CANAL-FT）、非罗马字母语言测试（LLAMA）以及高水平语言习得能力测试（Hi-Lab）。最后，作者介绍了20世纪90年代以来涌现出来的几个关于学能研究的理论模式和研究角度，包括语言编码差异假设、隐性记忆和"隐性能力"等。

第四章是本书的重点内容——学习动机。作者首先简要回顾了动机发展的三个阶段，接着将三个阶段以"社会心理基础"、"认知情境阶段"和"社会动态转向"为标题，分别具体介绍了经典的二语动机理论（如Gardner为代表的融合与工具动机取向）、教育心理学中的自我决定、归因理论和Dörnyei & Otto提出的过程动机模式、Ushioda提出的个人—情境关系模型（Person-in-Context Relational View）以及Dörnyei提出的二语动机自我系统（L2 Motivational Self System，简称L2MSS）。随后，作者用较多的笔墨描述了近十年来二语学习动机研究的变化，其中包括L2MSS研究的逐步完善、动态系统理论的应用。作者以"想象和愿景"（Imagination and Vision）为标题，详述了这两个后L2MSS理论时代的重要动机概念。另外，作者还介绍了动机定向流（Directed Motivational Currents，简称DMCs）的概念，并预测它将是"动机研究的一个发展方向"（Dörnyei & Ryan 2015：99）。这一章的最后两部分，作者概述了与动机相关的一些其他研究主题，如动机减退、教师动机；强调了未来的动机研究应该由单一的定量研究转变为混合研究，采用多元分析和过程分析方法探究动机的深层次特点。

第五章的主题是学习风格和认知风格。本章首先回顾了常见的学习风格和认知风格（如场依存—场独立）的理论基础，而后介绍了风格的测量工具。其中作者重点介绍了2012年问世的"语言学习风格列表"（ILLS）（Griffiths 2012）。作者认为该风格列表不是以科研为出发点，具有鲜明的教学实用价值。最后，作者讨论了风格在学习中的实践意义，指出虽然风格研究对主流的课堂教学的价值比较有限，但是风格调整对于在线学习和自我导向学习有帮助。

第六章围绕学习策略和自我调节展开。学习策略部分作者主要介绍了二语学习策略的概念、分类、学习策略的使用、学习策略培训和几种使用频率较高的策略问卷，并强调目前的二语学习策略研究在理论基础方面尚有提升空间，需要加强。自我调节学习部分作者介绍了教育学领域内的学习策略和自我调节学习的异同，并论述了自我调节能力，以及二语习得领域自我调节研究的兴起。作者认为，与学习策略相比，自我调节理论既是一个动态概念，又是一个自我引导的过程，它将为学界研究个体差异提供一个更为广阔深入的研究空间。

第七章论述其他学习者特征——创造力，焦虑，交际意愿，自尊和学习者观念。这五种要素在2005—2015年无论在研究内容上还是在研究方法上都经历了不同程度的调整和转换。虽然创造力和自尊一直没有受到二语习得研究领域的重视，发展迟缓，但是交际意愿、焦虑和学习者观念，却经历着不同程度的飞跃，出现了诸多前沿研究（如Lu & Liu 2011；Peng 2014；Piniel & Csizér 2015）。

第八章是对全书的总结。作者认为，在2005—2015年，个体差异的研究方法发生了重大变化，从大规模定量研究到质性研究、个案研究和质性与量化的混合研究；研究内容上更关注学习者个体背景和学习情景的互动关系。作者建议，未来的研究应该借助研究方法的综合运用与革新，并联系相关前沿理论，将个体差异研究推向深入，例如随着社会科学的"叙事转向"（narrative turn），从心理学视角来研究学习者个体的叙事性身份将会是未来研究的一个热点。

3. 全书评价

作为一部再版之作，该书和05版保持结构基本一致的情况下，对内容进行了调整，例如第四章动机部分。作者在05版用了较多笔墨来铺陈动机研究的全貌，随着近年来动态系统理论的应用和二语动机自我系统理论的逐步完善和推进，相关理论内容已经"深入人心"，因此在15版中，作者将05版的相关基本概念等介绍性文字进行了压缩，增加了与动态系统理论等相关的动机研究方法和范式转变的内容，这样突出了该领域的最新进展，强化了"再探"该领域发展的意义。该书的其他章节也有不同程度的变化。例如，第二章删除了气质和心情两个维度，重点介绍了心理学近些年的研究成果"新大五"理论，强调性格特质、适应特征以及生活叙事三者的统一；第三章删除了20世纪90年代以前的语言学能研究内容，新增语言学能测试研究的最新进展以及隐性记忆和"隐性能力"的内容，这些内容的变化都是作者分析研究现状，重新审视个体差异因素研究的特点，把握相关的研究走向，"再探"个体差异研究的重要体现。

本书对二语习得领域的个体差异研究的未来走向提供了参考和启示，具体体现在以下四个方面。

1) 搁置争议，深化对个体差异内涵的理解。个体差异这个概念是否存在，学界存在一些争议。例如，Schumann（2015）就质疑个体差异的存在，认为它是一种荒诞的说法而已。而本书采用了比较委婉的说法来对待这个争议，15版

的书名为《语言学习者学习心理"再探"》，对比原书《第二语言习得中语言学习者学习心理中的个体差异》，不难发现，15版中没有了"个体差异"这个术语，但全书的基本内容和叙述的各个主体与05版基本相似，也就是说内容上还是"个体差异"，只是在提法上作者站在教育心理的角度，将这些差异称之为"学习者心理"。这样做巧妙地避开了争议，以便研究者可以聚焦于研究内容而非术语的界定上。"学习者心理"的提法，也暗示我们，未来的二语习得的"个体差异"研究应该继续坚持跨学科的路径，从教育心理角度、心理学领域等汲取营养，丰富研究成果。在15版中，作者深化了对个体差异概念的理解。在05版中，Dörnyei强调个体差异是学习者之间的差异（inter-individual difference），具体说就是动机、学习策略、焦虑等这些个体差异因素可能存在性别、年龄、学习者群体等方面的不同。而在15版中，作者在承认个体间差异的基础上，强调更应该关注受到时间和情境的影响而导致的个体本身的波动（intra-individual difference），研究的关注点更广。

2) 强调二语习得过程中的情感研究。由于不规则性和不可预测性，情感维度，尤其积极情感，没有在以往的个体差异研究中得到足够关注，只有动机研究和学习策略研究考虑了学习者情感要素，这可能是"传统研究最大的疏忽"（Dörnyei & Ryan 2015：9），因为传统研究可能"不承认情感在人们思想和行为中的中心角色"（Dörnyei & Ryan 2015：9）。在15版中，作者将情感纳入到包括情感、认知以及动机的三元结构框架中进行研究，以便深入分析情感对于学习者心理的影响。此外，在本书的定向动机流小节中，作者将积极情感加载作为一个独立变量来考虑，这都在强调要加强未来的二语习得过程中的情感维度研究。

3) 重视复杂动态系统研究视角在研究中的运用。复杂系统理论的兴起为于二语习得各领域研究带来了重大变化（Larsen-Freeman & Cameron 2008）。虽然Dörnyei（2009, 2010）率先运用该理论来阐释二语学习者个体差异，但

15版中，作者对于复杂动态系统更倾向于从"视角"而非"理论"的角度来对待。首先，在第一章，作者专门以"复杂动态系统视角"为题，阐释了复杂系统理论视角在2005—2015年间在个体差异研究领域的运用和成果，更倾向于复杂系统理论的"视角"而非"理论"[1]；其次，作者指出由于最近十年较多的采用复杂动态系统视角，动机、语言学能和交际意愿研究显现出一定的生机和活力。相比之下，学习者个性和学习风格的研究仍然停留在传统视角，发展缓慢，甚至陷入"死胡同"。

4) 重视叙事研究，强调研究方法的多元性。回顾个体差异研究的历史，不难发现定量研究的重要作用。在15版中，该书承认这一现实，但同时强调了研究方法要多元性，即应该考虑质性研究、叙事研究和混合研究在个体差异研究中的应用。该书特别强调了叙事研究的作用，因为它可以从个人经验和社会文化背景角度来探索学习者的心理特征。笔者认为，研究方法上的多元化与研究内容从较多关注个体间差异转到个体内波动有关。关注学习者个体内部因素的变化，要求在方法上聚焦变化的过程，呈现变化过程中的不同特点，相对于定量研究，质性研究特别是叙事研究则更有优势。因此，未来的二语习得的个体差异研究在方法上将朝着多元化迈进。

总之，该书紧扣二语习得领域中个体差异研究主线，在05版的基础上"再探"学习者个性、语言学能、动机等学习者心理特征在2005—2015年的发展脉络。该书在跨学科的视域下继续深化了个体差异的内涵，强调了复杂动态系统研究视角的重要价值并且突出了个体叙事研究方法的必要性，为广大外语研究人员打开了又一扇观察和思考学习者内在因素的窗子。

参考文献

Dewaele, J. M. 2012. Learner internal psychological factors [A]. In J. Herschensohn & M. Young-Scholten (eds.). *The Cambridge Handbook of Second Language Acquisition* [C]. Cambridge: Cambridge University Press. 159-179.

Dörnyei, Z. 2009. *The Psychology of Second Language Acquisition* [M]. Oxford: Oxford University Press.

Dörnyei, Z. 2010. The relationship between language aptitude and language learning motivation: Individual differences from a dynamic system perspective [A]. In E. Macaro (ed.). *Continuum Companion to SLA* [C]. London: Continuum International Publishing. 247-267.

Dörnyei, Z. & S. Ryan. 2015. *The Psychology of the Language Learner Revisited* [M]. New York: Routledge.

Ehrman, M. E. 2008. Personality and good language learners [A]. In C. Griffiths (ed.). *Lessons from Good Language Learners* [C]. Cambridge: Cambridge University Press. 61-72.

Ellis. R. 2008. *The Study of Second Language Acquisition (2nd ed)* [M]. Oxford: Oxford University Press.

Gass，S. & A. Mackey. 2012. *The Routledge of Handbook of Second Language Acquisition* [M]. Abingdon: Routledge.

Griffiths, C. 2012. Learning styles: Traversing the quagmire [A]. In S. Mercer, S. Ryan & M. Williams (eds.). *Psychology for Language Learning: Insights from Theory, Research and Practice* [C]. Basingstoke: Palgrave Macmillan. 151-168.

Lu, Z. & M. Liu. 2011. Foreign language anxiety and strategy use: A study with Chinese undergraduate EFL learners [J]. *Journal of Language Teaching and Research* 2 (6): 1298-1305.

Larsen-Freeman, D. & L.Cameron. 2008. *Complex Systems and Applied Linguistics* [M]. Oxford: Oxford University Press.

Mayr. A. R. 2005. Book review: The psychology of the Language Learner [OL]. http://linguistlist.org/issues/16/16-2521.html (accessed at 30/05/2017).

McAdams, D. P. & J. L. Pals. 2006. A new Big Five: Fundamental principles for an integrative science of personality [J]. *American Psychologist* 61: 204-217.

Musek, J. 2007. A general factor of personality: Evidence for the big one in the five factor model [J]. *Journal of Research in Personality* 41(6): 1213-1233.

---

1 Dörnyei本人在不同的文献中对"复杂动态系统"冠以不同的称呼。早在2014年，Dörnyei在文章中使用原则（principles），而在出版于2016年的《语言学习动机流》一书中，作者称之为理论（theory），本书中作者多称作方法（approach）。

Peng, J. E. 2014. *Willingness to Communicate in the Chinese EFL University Classroom: An Ecological Perspective* [M]. Bristol: Multilingual Matters.

Piniel, K. & K. Csizér. 2015. Changes in motivation, anxiety, and self-efficacy during the course of an academic writing seminar [A]. In Z. Dörnyei, P. D. MacIntyre & A. Henry (eds.). *Motivational Dynamics in Language Learning* [C]. Bristol: Multilingual Matters. 164-194.

Schumann, J. H. 2015. *Foreword* [A]. In Z. Dörnyei, P. D. MacIntyre & A. Henry (eds.). *Motivational Dynamics in Language Learning* [C]. Bristol: Multilingual Matters. xv-xix.

杨连瑞、尹红山，2005，发展中的第二语言习得研究 [J]，《现代外语》28（2）：181-192。

作者简介

于守刚（1979—），东北师范大学外国语学院博士研究生，哈尔滨工程大学国际合作教育学院讲师。主要研究领域：第二语言习得、应用语言学、社会语言学。电子邮箱：yusg252@nenu.edu.cn

邱婉宁（1985—），吉林大学外国语学院英语系讲师。主要研究领域：应用语言学、积极心理学。电子邮箱：qwn@jlu.edu.cn

刘宏刚（1978—），东北师范大学外国语学院副教授，博士生导师。主要研究领域：社会语言学、第二语言习得、应用语言学。电子邮箱：liuhg213@nenu.edu.cn

2017年8月
第10卷 第3期

中国外语教育（季刊）
Foreign Language Education in China (Quarterly)

August 2017
Vol. 10 No. 3

English Abstracts

Exploring college English curriculum reform from the perspective of internationalization of higher education

This paper argues for the extreme necessity of College English Curriculum Reform based on the multiple needs from the country, society and self-fulfillment of the students. The authors make the above argument from the perspective of the new trend of Higher Education Internationalization, *College English Teaching Guide* and the mission of Jilin University. It also reports the measures that have been taken to internationalize the curriculum, the teaching mode, and teaching faculty. The ultimate goal of the endeavor is to improve the teaching quality, i.e. cultivating students with English competence, international vision and innovation capability.

Design and development of diversified and multi-level college foreign language curriculum: The case of Fudan University

Since September 2011, Fudan University has been implementing a new college foreign language curriculum in accordance with the new foreign language proficiency development program for the undergraduates. This paper introduces a diversified and multi-level college foreign language curriculum, based on Nation & Macalister's (2010) Curriculum Design Model. Furthermore, it articulates the theoretical framework of the curriculum, various modules within the curriculum, relationship between different modules and teaching content. Relevant statistics collected during the years between 2011 and 2016 are also summarized and analyzed.

A reflective outlook on training senior foreign language talents with multi-expertise in China — A comment on the objective and model in training business English majors

The reform of training foreign language talents with multi-expertise has lasted for over thirty years in China, but currently there still exist some problems such as inaccurate objectives of talent training, irregular curriculum design, inadequate quantity and low quality of senior talents. In the paper, foreign language majors with multi-expertise are divided into general and professional categories, and the latter can be further divided into intra-disciplinary and interdisciplinary models with multiple orientations respectively. Based on such factors as teaching history, regional advantage and disciplinary specialty, the author puts forward some principles for training both applied and academic talents including undergraduates, postgraduates and doctoral students.

Finally, the practice of training foreign language majors with multi-expertise is discussed by taking business English major as an example.

To bridge the gap between skill courses and content courses— Reflections on the teaching of *Reading Critically 1: Language and Culture*

The new course "Reading Critically 1: Language and Culture" of the School of English and International Studies, Beijing Foreign Studies University offers a platform for teachers to combine language skills practice and the acquisition of knowledge via English, thus bridging the gap between skill courses and content courses. Adopting content-based instruction and the production-oriented approach, this paper reviews the author's first-round teaching of the course from September, 2015 to January, 2016, and reflects on how input & output, learning & using, and language & knowledge can be integrated at each teaching stage. To tackle the problems of insufficient information and knowledge, lack of academic training and critical thinking, and too much and too narrow focus on the coursebook itself in the traditional Intensive Reading classroom, the author proposes that teachers can stimulate critical thinking by valid questioning, that learning should take place in effective interactions among students and between students and the teacher, and that academic research practice can enhance both language learning and knowledge acquisition.

One-on-One writing conferences in writing centers: A sociocultural perspective

Although the one-on-one English writing conference has been one of the most adopted methods of teaching English writing in the international teaching and research community, instructors and researchers in China face a number of challenges in adopting the method, including large student numbers, lack of funding, and limited faculty. Under the influence of Vygotsky's Sociocultural Theory, the post-process era of L2 writing maintains that acquisition of L2 writing should happen in socially situated interactions. It emphasizes the discrepancy between the current level and the potential level of language development, and advocates L2 writing learners cooperate with more able peers to enhance English writing proficiency. This article will draw on Vygotsky's sociocultural theory, introduce the author's practice of creating an English writing center in the Chinese context, and propose a systematic and effective method of building writing centers in Chinese colleges and universities that could contribute to the teaching and research of EFL Writing in China.

The impact of continuation task on the use of English past tense

On the basis of alignment theory, Wang Chuming, a distinguished Chinese scholar in second language acquisition, has advanced the idea of promoting language learning through continuation tasks where learners read incomplete English stories and continue to write an ending for the story. Related empirical studies have shown that continuation tasks can improve learners' language performance, including language accuracy, reflected in significantly lower occurrences of certain form errors compared with continuation tasks based on reading Chinese stories. Our study examines the impact of continuation tasks on the use of past tense and its possible delayed effects. The results show that continuation tasks can significantly improve the correct use of past tense, and students of relatively low proficiency who read the English story perform even better than students of higher proficiency who read the Chinese story. The study also shows some delayed effect of the positive impact of continuation task. A look into some students' writings shows that most of errors in the continuation task based on English reading involve irregular verbs, although the English story in question also features more verbs of irregular forms.

A corpus-based study on clause relations in Chinese EFL learners' PETS writing

To present a clearer picture of cohesion and coherence in Chinese EFL writing, this study explores clause relations in Chinese EFL writing. By qualitatively coding data from the sampled PETS written corpus and analyzing the results statistically, the study gives a detailed account of the features of clause relations in Chinese EFL writing. The study finds that Chinese EFL learners tend to overuse some clause relations and linking adverbials and underuse or ignore others with less diversity, indicating a tendency to cluster clause relations and abuse linking adverbials. The study concludes that the insufficient knowledge and low capability in the use of clause relations and linking adverbials leads to EFL learner's failure to meet up with English idiomaticity in their EFL writing. The study results provide some pedagogical implications for EFL writing teaching in China.

Learning strategy training: A new model and its effect on learners' metacognition

In this research, a new learning strategy training model—TCLTSP Model, is designed and applied in learning strategy training among English and Russia major freshmen, and the effect of training on learners' metacognition is explored through Repeated Measures One-way ANOVA and Two-way Mixed ANOVA. The results are as follows: the metacognition of English subject is significantly improved after learning strategy training, however the change is not lasting; the metacognition of Russian subject is improved significantly, and the change is lasting; the major does not significantly interact with learners' metacognition. This results indicate that, it is necessary and effective to carry out learning strategy training for foreign language learners, and the training can be implemented among foreign language learning beginners or be strengthened through continuing practice to ensure the lasting effectiveness.

The quest for the autonomous learning model of English pronunciation of college English majors—A pronunciation center modeled on a writing lab

This investigation intends to explore whether a pronunciation center modeled on a writing lab facilitates the development of college English majors' autonomous learning ability of English pronunciation and whether it improves college English majors' English pronunciation proficiency. The empirical study shows that both the English pronunciation proficiency and autonomous learning ability of the experimental group and the controlled group, which are at the same level before the implementation of the pronunciation center, vary significantly after the implementation. The implementation of the pronunciation center can enhance students' English pronunciation proficiency and autonomous learning ability.

An empirical study of language learning anxiety for the Chinese EFL and ESL learners

Taking 51 Chinese university students in a formal Sino-UK exchange program as subjects, the present study investigated their change of anxiety levels and tried to identify the sources of anxiety through questionnaires and interviews. The results show that students' anxiety levels abroad rise significantly with the fear of failing the courses and speech apprehension, that English proficiency significantly influences anxiety levels, but no significance is found between genders and that experience abroad, communication time with the native speakers of English each day in particular, can significantly influence anxiety levels.

本刊稿约

　　《中国外语教育》是一份外语教育专业刊物。本刊设以下主要栏目："热点聚集"、"外语教学"（外语教学、外语教师、外语课程与教学资源、外语教育政策及理论等方面的研究）、"外语学习"（外语学习与外语学习者的研究）、"外语评测"、"书评"、"学术动态"、"一带一路语言人才培养"等。

　　本刊已列入中文社会科学引文索引（CSSCI）来源集刊目录、《中国学术期刊网络出版总库》及CNKI系列数据库。

一、稿件内容要求

1. 本刊发表文章以实证性研究为主，同时也刊登部分外语教育理论和外语教育政策方面的文章。文稿要求格式规范、语言简练、通俗易懂、观点明确、方法可靠、数据准确。

2. 为了增强实证研究性文章的可读性与应用性，正文中研究方法部分应避免难懂的专业术语，力求文字简明扼要。

3. 文章的讨论部分应较为详细地说明研究结果在外语教学中的应用及操作方法，避免空洞无物的讨论。

4. 为了确保研究数据的可靠性与数据处理的准确性，投稿时请以附件形式提交：

   1) 研究中所使用的原始数据文件（采用SPSS、Excel等通用格式）；

   2) 研究中得到的统计分析的结果文件（采用SPSS、Excel等通用格式）；

   3) 对数据处理方法作逐步说明的Word文档。

5. 各栏目的文章一般不超过8000字（含中英文标题、摘要、关键词及参考文献）；书评4000—5000字。

6. 书评栏目所评介图书限两年内出版的外语教育及应用语言学类相关学术图书。

二、稿件正文格式要求

1. 来稿组成

   1) 作者信息（单独页面），提供作者的通讯地址、联系电话、电子邮件、稿件标题和100—200字的作者简介，作者简介应包含作者真实姓名、性别、出生年、工作单位、学历、职称、职务、主要研究兴趣等信息；

   2) 中文标题、摘要（250字以内）和关键词（3—5个），用分号隔开；

   3) 英文标题、摘要（250—300词）和关键词，用分号隔开；

   4) 正文、参考文献和附录；

   5) 实证研究中的数据附件及必要的说明文档。

2. 文件格式及版式：一律以Microsoft Word 96/97/2003格式提供。标题用宋体小3号，一级标题用宋体4号，二级标题用宋体小4号，三级标题用宋体5号，正文用宋体5号。一律用单倍行距。

3．**标题层次序号**：全部左顶格写，按1，1.1，1.1.1序号，后空一格再写标题，限分3级。正文内序号用1），2）等。

4．**图表**：图表分别连续编号，图题位于插图下方，表题位于表格上方，图题格式为"图1 图题"，表题格式为"表1 表题"。图题、表题及图表中的文字一律采用中文。

三、参考文献格式要求

英文及其他语种的文献在前，中文文献在后，参照以下标准执行。

1．**期刊论文**

Bolinger, D. 1965. The atomization of word meaning [J]. *Language* 41 (4): 555-573.

朱永生，2006，名词化、动词化与语法隐喻[J]，《外语教学与研究》（2）：83-90。

2．**论文集论文**

Bybee, J. 1994. The grammaticization of zero: Asymmetries in tense and aspect systems [A]. In W. Pagliuca (ed.). *Perspectives on Grammaticalization* [C]. Amsterdam: John Benjamins. 235-254.

文秋芳，2003a，英语学习者动机、观念、策略的变化规律与特点 [A]。载文秋芳、王立非（编），《英语学习策略实证研究》[C]。西安：陕西师范大学出版社。255-259。

3．**网上文献**

Jiang, Yan. 2000. The Tao of verbal communication: An elementary textbook on pragmatics and discourse analysis [OL]. http://www.polyu.edu.hk/~cbs/jy/teach.htm (accessed 30/04/2006).

王岳川，2004，当代传媒中的网络文化与电视批评[OL]，http://www.blocchina.com/new/display/58592.html/（2005年11月18日读取）。

4．**专著**

Bloomfield, L. 1933. *Language* [M]. New York: Holt.

吕叔湘、朱德熙，1952，《语法修辞讲话》[M]。北京：中国青年出版社。

5．**译著**

Nedjalkov, V. P. (ed.). 1983/1988. *Typology of Resultative Constructions*, trans. Bernard Comrie [C]. Amsterdam: John Benjamins.

赵元任，1968/1980，《中国话的文法》（*A Grammar of Spoken Chinese*）[M]，丁邦新译。香港：香港中文大学出版社。

6．**编著／论文集**

Giacalone, A. & P. J. Hopper (eds.). 1998. *The Limits of Grammaticalization* [C]. Amsterdam: John Benjamins.

北京语言学院语言教学研究所（编），1992，《现代汉语补语研究资料》[C]。北京：北京语言学院出版社。

7．**学位论文**

Tabor, W. 1994. Syntactic Innovation: A Connectionist Model [D]. Ph.D. dissertation. Stanford: Stanford University.

祖生利，2000，元代白话碑文研究 [D]。博士学位论文。北京：中国社会科学院。

8．**会议论文**

Traugott, E. C. 2000. Promise and pray-parentheticals [R]. Paper presented at the Eleventh International

Conference on English Historical Linguistics, Santiagov de Compostela, Spain, September 2000.

崔希亮，2002，事件情态和汉语的表态系统[R]。第十二次现代汉语语法学术讨论会论文，湖南长沙，2002年4月。

9. 报刊文章

田志凌，2005，《魔戒》的尴尬与文学翻译的危机 [N]，《南方都市报》，2005-8-24。

10. 词典及其他

Hornby, A. S. 2000. *Oxford Advanced Learner's Dictionary of Current English* (6th edition) [Z], ed. Sally Wehmeier. Oxford: OUP.

中国社会科学院语言研究所词典编辑室（编），2002，《现代汉语词典》(The Contemporary Chinese Dictionary)（汉英双语）[Z]，外语教学与研究出版社语言学与辞书部双语词典编辑室翻译编辑。北京：外语教学与研究出版社。

四、投稿方式及其他相关事宜

1. 在线投稿：http://submit.celea.org.cn/fleic
2. 投稿时请自留底稿，本刊不退稿。
3. 本刊按照国际惯例，严格实行同行专家匿名审稿制度，根据匿名评审意见决定来稿是否录用。稿件投出后90日内若未收到编辑部反馈，可联系编辑部后自行处理。
4. 稿件内容文责自负，但编辑部有权出于版面需要对稿件进行必要的修改。
5. 稿件发表后，赠送作者当期样刊2本。

图书在版编目（CIP）数据

中国外语教育 . 2017. 3 ／文秋芳主编 . ―― 北京：外语教学与研究出版社，2017.8
ISBN 978-7-5135-9384-7

Ⅰ . ①中… Ⅱ . ①文… Ⅲ . ①外语教学－中国－丛刊 Ⅳ . ①H09-55

中国版本图书馆 CIP 数据核字 (2017) 第 203312 号

出 版 人　蔡剑峰
责任编辑　毕　争
执行编辑　解碧琰　刘　伟
封面设计　王　薇　平　原
版式设计　袁　璐
出版发行　外语教学与研究出版社
社　　址　北京市西三环北路19号（100089）
网　　址　http://www.fltrp.com
印　　刷　中国农业出版社印刷厂
开　　本　889×1194　1/16
印　　张　6.5
版　　次　2017 年 9 月第 1 版 2017 年 9 月第 1 次印刷
书　　号　ISBN 978-7-5135-9384-7
定　　价　8.00 元

购书咨询：（010）88819926　电子邮箱：club@fltrp.com
外研书店：https://waiyants.tmall.com
凡印刷、装订质量问题，请联系我社印制部
联系电话：（010）61207896　电子邮箱：zhijian@fltrp.com
凡侵权、盗版书籍线索，请联系我社法律事务部
举报电话：（010）88817519　电子邮箱：banquan@fltrp.com
法律顾问：立方律师事务所　刘旭东律师
　　　　　中咨律师事务所　殷　斌律师
物料号：293840001